ROSA ELENA ZAMORA ANTUÑANO

PIES LIGEROS

INSPIRACIÓN RARÁMURI PARA LOGRAR EL EQUILIBRIO EN LA VIDA COTIDIANA.

PIES LIGEROS:
INSPIRACIÓN RARÁMURI PARA LOGRAR
EL EQUILIBRIO EN LA VIDA COTIDIANA

ISBN-13: 9781673253429

Dedicado:

A ***Madre María Félix Ramírez Dávila****,*
porque al cumplir tu propósito de vida,
nos ayudaste a todos. ¡Vuela águila!
¡Descansa en la paz y la alegría de tu misión cumplida!

A las guardianas y guardianes de sus enseñanzas,
especialmente **Martha G. Gutiérrez García,**
por tanta valentía.

A mis ancestros, padres, hermanos y familiares,
pues gracias a mi herencia espiritual,
hoy desde la humildad, elijo amar, honrar y respetar
la belleza que se percibe con los ojos del alma.

A ***Mario Carlos Macedo Vázquez,***
pues tu amor, ternura y respeto
incondicional son mi fuerza para crear.

A ***Karina Falcón La mujer lunar,***
pues la impecabilidad en el cumplimiento
de tu propósito despertó en mi consciencia
la magia de la Sagrada Rueda de la Medicina y
la sabiduría de los 13 Clanes Madre.

Índice

Prólogo

Todo intento que decida dejar de defender posturas, creencias y verdades para abrirse y abrirnos a la multiplicidad vital del Universo es un intento del corazón que canta medicina. Así este *Pies ligeros* de Rosy Zamora. Una invitación al diálogo que nos invita a honrar las verdades de los otros, a mirar las creencias, vínculos perceptuales y lealtades en las verdades de los *otros,* con la mirada del águila: desde la percepción neutral, la inocencia del niño.

Este libro es una visión adelantada para las generaciones que estamos aquí y ahora como semillas del futuro, pues nos invita a intuir y cultivar la inteligencia *espiritual*, aceptando que somos más que un cuerpo, una mente y un complejo de lealtades y memorias: que somos espíritu.

Nuestras sabias y sabios del camino entendían muy bien el cuidado de esta inteligencia, para ellas y ellos era sencillo intuirlo y llevarlo a la experiencia cotidiana pues el contacto con la naturaleza era lo habitual; sin embargo, con el camino del *progreso* y la construcción de elementos que nos automatizaron procesos largos y nos hicieron muy sencilla la obtención del alimento, perdimos paulatinamente el contacto con ella: con un cielo despejado, las aguas claras, el diálogo con el fuego, el agua, las estrellas, la pertenencia al clan más allá de la primera y segunda generación.

Sin embargo, las generaciones que cruzamos el 2020 somos un puente entre la sabiduría ancestral y la visión futura, somos los que a partir de nuestras elecciones privadas y emocionales estamos construyendo la vida pública y las nuevas estructuras de sustento y continuación de la vida.

Pies ligeros es un acto de reivindicación de la sabiduría de un pueblo originario, del *mindfulness* ancestral; es la oportunidad de integrar a través de las palabras y compartir de Rosy Zamora herramientas poderosas para cruzar entre tiempos y tomar la visión futura desde la honra a quienes nos antecedieron. Es también un espacio sagrado para recuperar las voces y legados de mujeres y varones medicina, que han representado un antes y un después en nuestras prácticas personales y profesionales. En el caso de Rosy, las enseñanzas de Madre María Félix que la condujeron con cuido a reconocer su verdad, y a su vez las mujeres y varones medicina que se cruzaron en el camino de Madre María Félix, los abuelos sabios que con medicina de la tierra depuran, curan, preparan y acompañan.

¿Cómo no rescatar la sabiduría de la tradición para gestar visiones futuras y el cultivo de la inteligencia más vital para el ser humano? ¿Cómo no celebrar este intento vital acerca de la importancia de la ligereza de pies para cruzar estos tiempos de cambio de paradigmas? Las enseñanzas compartidas aquí han sido la currícula sagrada de las mujeres y varones que supieron cultivar la vida como obra de arte, y que entendieron que sólo en el *servicio crecen las alas,* alas de percepción sagrada.

Lo que en este libro comparte Rosy es una sabiduría que nos pertenece a todas y todos los cultivadores de lo sagrado y del camino de las batallas floridas. Si leemos y sentimos con atención plena este libro, las alas que son nuestras lograrán desplegarse frente a nuestro corazón. Los pasajes por donde la autora nos va conduciendo nos contactan con evocaciones de un camino origen, de un lugar sagrado que no sabíamos que todas y todos conocíamos bien, hasta que los volvemos a pasar por el corazón (recordar). Y si hacemos espacios de silencio entre capítulo y capítulo, quizás mejor, entre página y página, habrán palabras e imágenes que nos den la miel atemporal del colibrí, lista para beberla en lo cotidiano, en la posibilidad de tomar nuevas decisiones también *con los pies ligeros.*

A través de los ojos de Rosy vamos descubriendo una etnia tan entrañable para la medicina de la tierra y a la vez tan ajena para muchos de los que habitan esta porción de la tierra (México). La medicina *rarámuri* es una medicina tan ancestral como actual, antigua y futurista, y sin duda vital para cultivar el presente. Sus prácticas, rituales y religiosidad (religar, unir lo humano con lo divino, regresar a la unidad vital) nos dan la medicina justa para transmutar los venenos que estamos viviendo en estos tiempos de cierre y apertura cruciales. La medicina que se comparte en *Pies ligeros* es la medicina del corazón, de la tierra, la medicina origen, y si tomáramos al menos tres enseñanzas de las aquí abiertas para andar nuestro camino, sanaríamos partes vitales de nuestra historia, retornaríamos a casa.

La filosofía *rarámuri* que nos presenta Rosy -Mujer del Clan que Sana- desde su vivencia y conducto, es la que nos rescatará de enfermar en todos los aspectos: mente, cuerpo, corazón y alma. Estas enseñanzas y sabiduría compartida en Pies ligeros son tan constructoras del futuro como corazón de lo ancestral. Prestemos especial atención a la visión de arrogancia y humildad, aspectos que son raíz de los padecimientos actuales en nuestra vida privada y social. Este libro es la invitación a iniciar un viaje personal físico y espiritual que nos conduzca a re-conocer, re-visitar y re-habitar los espacios geográficos y espirituales de México, a despegarnos de la mirada de ser un país "colonizado", a rescatar lo que nos pertenece por sabiduría, a reivindicar las enseñanzas de las abuelas, a retornar con humildad al águila y la serpiente que originalmente habitan nuestro corazón, a ser como el venado que se da por el nuevo amanecer, a contar más historias y verdades que sanan.

Karina Falcón, La Mujer Lunar

Directora y Fundadora del

Centro de Estudios de Investigación del

Sagrado Femenino y Sagrado Masculino

Carpa Lunar S.C.

Introducción

Te doy la bienvenida a estas páginas, quizá por primera vez o tal vez por segunda, si me concediste el honor de leer mi primer libro: **¿Cómo superar la frustración?**, **Amazon, 2018**. Agradezco que hayas aceptado mi invitación, pues en esta ocasión, a través de estas páginas me propongo compartir el resultado de la transformación de muchas heridas que podrían significar grandes cambios en nuestras vidas y aligerar nuestras cargas. Compartiré la experiencia de un grupo de personas que han elegido ver de frente su dolor y sus carencias, para transformarlas en medicina, al servicio de otros. Y para mi, esto es motivo de celebración, pues dicen las tradiciones espirituales que este es el propósito de la vida: sanar una herida del alma y compartir con otros la experiencia, para contribuir como un eslabón con la eterna cadena de la evolución. Dicen además que no sólo se trata de una oportunidad, sino de una responsabilidad.

¿Cómo lo lograron? Al permitirse explorar una cosmovisión tan radicalmente distinta a la suya lo cual, sin duda, es un viaje interno con repercusiones en los demás dominios de la existencia. Considero que el paso que este grupo de mujeres y hombres hemos dado es un avance en **la disolución del racismo y de las fronteras imaginarias** que hemos trazado en nuestro hermoso planeta, que socavan la consciencia de unidad, que en lo más profundo todos anhelamos.

En lo personal, la sabiduría ancestral que me inspiró y las experiencias vividas mientras escribí este libro, me llevaron a sanar una de mis más **profundas heridas: la actitud de defender creencias y posturas, desafiar y argumentar cuál es correcta.** Esta experiencia me ha llevado a reconocer mis lealtades y la imperiosa necesidad de tener la razón y de ser reconocida por ello. Aprendí que ésta es una de las más poderosas fuentes de sobrecarga emocional que **originan lo que llamamos problemas**, que por lo general tienen repercusiones en la prosperidad, la salud y las relaciones interpersonales, aunque es difícil reconocer la relación causa y efecto. Esta es la medicina que hoy me propongo compartir a través de estas páginas.

Aunque lo sabía intelectualmente, al escribir este libro comprendí la importancia de elegir conscientemente el marco de creencias que fundamentarán mis decisiones, reconociendo que desde mi lugar en el mundo recibo una **proporción** de la Gran Verdad Universal. Será muy sano explorar la proporción de esa verdad **que otros reciben** para ir completando el gran caleidoscopio de la consciencia. Comprendí que el acto de juzgar, excluir y tratar injustamente a otros, por tener creencias o comportamientos diferentes **es un acto de ignorancia.**

Deseo que este libro sea una semilla que nos ayude como sociedad a sanar esta herida colectiva, enlazando dos cosmovisiones. Intento que estas reflexiones nos ayuden a transformar nuestros puntos de vista: cambiar de una consciencia moral a una consciencia ética. ¿A qué me refiero con esto? La respuesta me la dio una figura pública, que quizá reconozcan en esta frase: En un momento de la historia la **esclavitud era**

moralmente permitida, era aceptada por la ley, **pero la ley no era ética.**

Nuestra moral nos ha llevado a defender nuestros principios, a forzar a otros a incorporarlos, a pelear por motivos de creencias y percepciones de lo que es correcto e incorrecto. La pregunta es si esa defensa nos lleva a tomar decisiones éticas.[1] En esta reflexión radican las mayores incongruencias que tanto nos han lastimado como humanidad y que hoy siguen dominando la dinámica de los problemas mundiales y de nuestras relaciones interpersonales.

Pues bien, comencemos el diálogo. Me gusta sugerir a mis lectores servir su bebida favorita y conversar, como dos amigos en un encuentro. ¿Cómo te va últimamente en el recorrido de tu sendero de la vida? Reconozco que transitarlo es apasionante; sin embargo, también tiene

---

[1] *Ética es la aceptación del otro como un ser diferente a mí, legítimo en su forma de ser, autónomo en su capacidad de pensar y actuar.* Humberto Maturana

sus retos, ¿cuáles son los tuyos? Probablemente también tienes la costumbre de llamarlos problemas.

El científico Albert Einstein postulaba: "*los problemas que enfrentamos hoy no pueden ser resueltos* ***en el mismo tipo de pensamiento que usábamos cuando los creamos***". Es decir, el odio, no se resolverá con más odio; la carencia no se resolverá con codicia; el estrés y la ansiedad no se resolverán queriendo ir más rápido o intentando controlar personas o situaciones. Para resolverlos, tenemos que elevar nuestro nivel de **consciencia**, como quien sube un nivel más en una escalera de caracol, para observar diferente. ¿Pero de qué hablamos cuando hablamos de consciencia? Hablamos de la capacidad de observar diversas perspectivas de una situación, para tomar **decisiones armónicas** para todos los involucrados. Eso es lo que hace una persona consciente, esto es lo que significa vivir la ética; lo que nos ayudará a resolver las oportunidades de evolución que hoy elegimos llamar problemas.

Si regreso a la reflexión inicial: El enojo se podrá resolver definitivamente si en vez de responder con la misma actitud, observamos la creencia y la lealtad inconsciente que lo propicia; si nos permitimos acceder a nuevos dominios de creatividad, aprendizaje, definición de límites que incluso pueden se amables y especialmente: la expresión de lo que nos afecta o queremos lograr. Es decir, elevar nuestra perspectiva, permitiéndonos observar más allá de lo que creemos obvio y disminuir así la carga emocional. A esta forma de percibir la vida, las culturas ancestrales la denominaron: **La medicina del águila.**

¿Pero cómo lograr acceder a este estado si las emociones se sienten en la piel y nublan nuestra capacidad de elegir la armonía? Pues desplegaremos las alas y nos iremos unos cuatro niveles más arriba de esa espiral que mencioné. El presente libro tiene como propósito ayudarnos a desarrollar la **Inteligencia Espiritual**, el estado de consciencia más elevado al que podemos acceder, para lo cual, aunque parezca contradictorio, será necesario acudir a lo que consideramos más básico, lo que siempre está disponible: La naturaleza, sus elementos y sus mensajes.

Mientras escribo estos primeros párrafos, observo un entorno de mucha confusión; comenzamos a ver declaraciones de las organizaciones mundiales y millones de jóvenes denunciando que estamos llegando a un punto de no retorno en el deterioro de la Tierra. A otras las vemos demandado equidad y justicia, pero en ocasiones desde la violencia. Algunas más, en batallas individuales entre el anhelo de libertad, el deseo de ejercer su vocación creativa o artística y el miedo que produce modificar su forma de vida. Observo una lucha entre los grupos que intentan tomar decisiones a favor del equilibrio y la sustentabilidad, mientras que algunos aún defienden los esquemas de dominación, explotación exacerbada de los recursos naturales y personas. Por tener perspectivas distintas, nos juzgamos, excluimos, tratamos injustamente y todos terminamos afectados.

Si como decía el poeta Rumi: *Cuando estás sentado en la obscuridad, sé paciente, ya se aproxima el nuevo amanecer*, entonces podríamos tener esperanza al observar las condiciones de obscuridad de nuestra sociedad en términos de desorden, corrupción, criminalidad, suicidio, abusos, conflictos y rupturas a escala doméstica y mundial. ¿Cómo propiciar el amanecer? ¿Cómo lograr disminuir los índices de estrés en el ámbito laboral y reducir los cerca de 2.7 millones de muertes que ocurren anualmente a nivel internacional (OIT)[2], por condiciones y enfermedades asociadas al entorno del trabajo? Si observamos las estadísticas de motivación realizadas por empresas como Grupo *Gallup*, podemos identificar que más del 85% de las personas declaran no dedicarse al ejercicio de su vocación. Entonces, ¿tendremos la disposición para contribuir con el amanecer?, ¿Cómo obtendremos la voluntad y la determinación para lograrlo? ¿Estamos preparados para mantener nuestra esencia, salud y armonía en medio de la vorágine del mundo actual?

---

[2] OIT. Organización Internacional del Trabajo.

https://www.ilo.org/global/topics/safety-and-health-at-work/lang--es/index.htm

Si el título de este libro llamó tu atención, tal vez te interese aligerar tus cargas emocionales, las que te impiden emprender muchos vuelos que anhelas. En mi acercamiento a las culturas ancestrales, pude reconocer que ellos cuentan con técnicas poderosas, para eliminar el estrés, para recuperar la salud, producir alimento con altos índices de efectividad y equilibrio con el medio ambiente. Sin duda, es un buen momento para volver al origen o quizá no tengamos más alternativa que hacerlo. ¿Tendremos la apertura para aprender de ellos?

Aquí hay una oportunidad. Y ¿qué mejor inspiración que tomar el ejemplo de una etnia, cuya sabiduría no es historia, no es leyenda, no es un documento, no es vestigio, no es idea ni opinión? La Etnia *Rarámuri*, también conocida como Tarahumara[3], una cosmovisión

---

[3] Tarahumar es una deformación hispánica del nombre indígena *rarámuri,* que etimológicamente significa: "planta (del pie) corredora". González. Rodríguez, Luis.
Otras acepciones: "Corredores a pie", "pies ligeros". Wikipedia.
Los Tarahumares en la Tarahumara, 1985. Chrysler de México. (p. 22) precisa como sustantivo masculino es "tarahumar"(es), como femenino "tarahumara" (as).

tan viva y presente como el aire que respiramos. Tan colorida, silenciosa, guerrera, mística y enigmática, que al igual que todas las culturas originarias tiene **un tesoro disponible** para quien elija recibirlo.

> Estos hombres a quienes se
> cree incultos, sucios e ignorantes, han
> alcanzado un grado de cultura
> sorprendente. (...)
> Sé que la existencia de los indios no es
> del agrado del mundo de ahora
> y que en presencia de una raza como
> ésta, por comparación se puede concluir
> que es la vida moderna
> la que se encuentra atrasada respecto a
> algo y no que los indios tarahumaras
> sean los que se encuentren retrasados en
> relación con el mundo actual.[4]
>
> ***Antonin Artaud***

En estas páginas no encontrarás información sociológica, ni histórica de la Etnia Tarahumara, pues su

[4] Artaud, Antonin. México y Viaje al país de los tarahumaras. México. Fondo de Cultura Económica, 1992.

historia y sus costumbres han sido escritas en distintas épocas por antropólogos, historiadores, exploradores, religiosos, más la única forma en la que ellos transmiten su tradición es de boca a oídos; así que como todo lo que ocurre en la historia, lo que leas, será tan sólo una interpretación. Aquí también encontrarás la mía, mi experiencia, el aprendizaje que me ha dado la incorporación de **su sabiduría a mi vida cotidiana**, transmitida por una sabia y valiente mujer medicina que compartió su destino con esta etnia, poseedora de un poder aún incomprensible para los paradigmas de muchas personas de nuestra cultura.

Los primeros misioneros cristianos ya los reconocían como personas que vivían una vida poco culpable, dentro del punto de vista religioso. No tenían guerras civiles, ni muertes entre sí, ni hechicerías, ni vicios. Les impresionó la no agresividad, aunque fueran valientes guerreros. "La nación tarahumara no es de las más bárbaras que comen carne humana ni es amiga de guerras, ni de salir de sus tierras a otras, ni consiente que ninguna nación se mezcle con ellos y entre a vivir en sus tierras". Sin embargo,

> con los respectivos límites de respeto, reconocían su hospitalidad, generosidad y honradez. [5]

Ahora que comprendo el impacto de la culpa y la consciencia de guerra en el deterioro de la salud y del poder personal, se incrementa mi interés y entusiasmo por aprender de una cultura que ha sido capaz de ser fiel a su esencia y pararse por encima de esas formas de vida. Me interesó identificar cómo lo logran.

> Los *rarámuri* son, probablemente, la única tribu americana numéricamente importante que ha mantenido su cultura prácticamente incontaminada. Han conservado su lengua, sus vestidos, su artesanía y música tradicionales. Nunca tuvieron escritura propia(..) Utilizan los mismos métodos de curación, la estructura política y el código legal son los tradicionales. El patrón de asentamiento tampoco ha

[5] De Velasco Rivero, Pedro. Danzar o morir. Religión y resistencia a la dominación de la cultura tarahumar. México. Centro de Reflexión Teológica, 1987. Pp 21-22

> variado. El maíz, el frijol y la calabaza son todavía sus cultivos y alimentos básicos[6].

Mantener la autenticidad, a pesar de los siglos y la resistencia del entorno, me resulta también un acto heroico. ¿Cuántos estereotipos hemos integrado? ¿En cuántas ocasiones hemos renunciado a nuestra esencia por aceptación o seguridad? Por tal motivo, reconozco a los *rarámuri* como maestros de estas cualidades del espíritu.

Seguramente llamará tu atención el amplio contenido religioso que desarrollaré en los siguientes capítulos, pues son una etnia cuya vida cotidiana se encuentra enfocada en la práctica la relación con el Padre Celestial y la Madre Terrenal. Su propósito es recorrer los caminos de la Tierra, *como hijos de El de Arriba.* Por lo tanto, deseo de corazón que este acercamiento a su espiritualidad te permita tener una perspectiva diferente de lo que hoy llamas problemas y encuentres

---

[6] Fundación Tarahumara-José A. Llaguno.Tarahumara: El mundo de Pepe Llaguno. Fundación Tarahumara. USA 1994. Apartado: Resistencia y Tradición.

caminos de solución, desde un nivel de conciencia más alto y más amplio.

Así es que, comenzamos.

Capítulo 1
Mujer Águila:
Ve y enseña a los tuyos lo que es la libertad del alma

¿Por qué decidí escribir este libro? En una ocasión, mientras me encontraba en un espacio de reflexión me llegó un pensamiento sobre la Etnia Tarahumara, después de haber experimentado sus poderosas técnicas de sanación. Pensaba en el nivel de efectividad de sus métodos, su filosofía de libertad y su creatividad; pensé que quizá después de tantos siglos de ser guardianes e incluso guerreros por la protección de esta sabiduría, tendrían el propósito de un día lograr la integración con las diversas cosmovisiones. En mi diálogo interno dije: un día la mayor cantidad de personas deberían saber acerca de lo que significa este regalo de la sabiduría *rarámuri*, para sanar las cargas emocionales y trascender el estrés, la enfermedad, la adicción, la consciencia de escasez. Si acaso no desean tomar este regalo, por lo menos lograr que el entorno aprenda a respetar su forma de vida. Claramente escuché una voz, que no era la de mi diálogo interno que me dijo: "Esa es tu contribución".

"¿Escuchar voces?" Para tranquilidad de muchos lectores, me refiero a la voz interna que seguramente en alguna ocasión has experimentado, esa que te anticipa dónde estacionarte, la que te recuerda que cumplas algún compromiso, la que te brinda inspiración; la que comienza a surgir con más espontaneidad, cuando se viven estados de paz recurrentes.

Por lo tanto, estas páginas son una promesa cumplida a mi alma y un homenaje a la misión de vida de quien hoy es conocida en diversos lugares de México como Madre María Félix Ramírez Dávila, una mujer que, al haber nacido en el mes de abril, pertenece al Clan de la mujer que mira lejos[7], aquélla que fue capaz de ver más allá

[7] Sams, Jamie. The 13 original clan mothers: Your sacred path to discovering the gifts, talents and abilities of the feminine through the ancient teachings of the sisterhood. HarperOne. USA, 1993.

del mundo de la apariencia material y los estereotipos convencionales. Hija, hermana, pareja, madre, abuela, curandera, chamana, maestra y amiga. Un alma que tuvo el valor de transitar el sendero del Hijo Pródigo, que ingresó al infierno del olvido de quién era, a través de la enfermedad del alma que llamamos adicción y pudo salir de éste, al permitirse recibir la milenaria sabiduría de los *rarámuri.*

Me permito contar esta breve historia, pues era el testimonio que ella compartía en sus talleres y encuentros. Para ella era importante reconocer, que la capacidad de colaborar con la sanación de otras personas surge cuando nos atrevemos a sanar las propias heridas y es cuando nos transformamos en auténtica medicina, al servicio de los demás. "Cuando nos permitimos tocar fondo y recorrimos el camino, es que tenemos oportunidad de compartir con otros la manera salir", nos decía.

Cuando todo parecía aproximarla al abismo que produce una adicción, a través de un sincrónico encuentro con Mauro, el entonces futuro líder de una de las comunidades de la Etnia Tarahumara, la que resguarda celosamente el conocimiento y los secretos de los ancestros de esta cultura, le ofreció llevarla a la sierra y presentarla en su comunidad, para ayudarle en su proceso de vida a superar esa dura experiencia. Sin tener tanta consciencia de la puerta que estaba por abrir, María Félix se permitió ser guiada hacia un recóndito lugar en las imponentes Barrancas del Cobre, en el Estado de Chihuahua, México.

Después de días de viaje a pie, en ocasiones en carreta, por senderos sinuosos e irreconocibles, los sabios de una comunidad a la que jamás se llega sin invitación: el Tata Juan y la Nana Mariquita la recibieron como si ya supieran que llegaría y como si ya la conocieran.

Cabe mencionar que de todas las comunidades *rarámuri*, en ésta se forma a las niñas desde temprana edad, para desempeñar el rol de nanas; las impulsan a desarrollar perfil de líderes y curanderas, para cumplir con la misión de guiar a los diversos grupos de la etnia. Se convierten en figuras de gran autoridad y respeto para toda la comunidad.

Y fue en ese lugar en el que la Nana Mariquita, una de las mujeres con más edad, sabiduría y autoridad de la comunidad, asumió la responsabilidad de su sanación; fue ella quien se supo imponer con firmeza, dulzura, paciencia y amor ante una mente desbocada y rebelde como la que en aquel entonces tenía María Félix.

En ese momento, ella no comprendía por qué fue aceptada por esa raza tan pura y celosa de su conocimiento. Seguramente existía un acuerdo de almas, un propósito mayor que en ese momento fue recordado; y así, en medio del celo de otras jóvenes de la etnia, inició su formación. Nos relataba con un hermoso brillo en la mirada: "El primer trabajo que me hicieron, literalmente fue vaciarme. Durante los primeros tres meses me desintoxicaron el cuerpo, hasta que un día el Tata Juan ingresó a la choza y me dijo: "Ya sanamos tu cuerpo, ahora vamos a sanar tu alma". Le aplicó por primera vez ese masaje tan característico de los *rarámuri*, que libera las cadenas de dolor, las cargas emocionales ancestrales que venimos arrastrando, las carencias y creencias limitantes que se instalan en nuestros músculos y que como ella contaba entre risas de quien recuerda una hazaña: "me hizo ver estrellas".

La hospedaron en la misma choza que la Nana Mariquita, entre el molino, el metate, el fogón y el petate, le enseñaron a purificar el cuerpo con alimento natural y con el agua que fluye por sus cascadas, a liberar emociones al contacto con plumas de águila, espinas de maguey y con el poder del fuego. Abrazó como hermanos a los sauces y los pinos, aprendió a viajar al vientre cósmico representado en el Temazcal, para resignificar y transmutar las experiencias dolorosas; le enseñaron a establecer un vínculo con la Madre Tierra, a comunicarse con los elementos y a sanar el alma en sus dimensiones física, emocional y mental a través de su vivencia. Superó una adicción con un 100% de efectividad, algo que seguramente muchas clínicas de dicha especialidad estarían interesadas en lograr, en tan poco tiempo y con resultados definitivos.

Los sabios *rarámuri* fueron descubriendo en ella una mujer que verdaderamente mostró veneración y respeto por todo lo que le compartían. Las pruebas que tuvo que vencer fueron innumerables, para fortalecer su carácter y determinación. Fue así que, en años posteriores, regresó periódicamente a ese manantial de sabiduría, para seguir abrevando de él hasta que se convirtió en su filosofía de vida, ganando el cariño y respeto de sus mentores. Ellos reconocieron la impecabilidad de su palabra, la formaron como curandera, la despojaron de sus antiguas vestiduras y la revistieron con la túnica de la sencillez y la libertad. La entonaron[8] , le recordaron ese acuerdo pactado en el plano espiritual y por el cual llegó hasta ellos: "Ve y enseña a los tuyos lo que significa la libertad del alma". Recibió el título del rango más elevado en autoridad, que una mujer puede recibir en ese entorno: Nana[9]. Este rango la convirtió en servidora y guía de todas las

---

[8] El entonamiento de un o una curandera, se refiere a una ceremonia de empoderamiento, para el cumplimiento de su propósito como hombre o mujer medicina. Se trata de un poderoso rezo, para que quien lo recibe, adquiera la fuerza espiritual de contribuir con el empoderamiento de otras personas.

[9] El rango de Nana corresponde a una figura de máxima autoridad moral en una comunidad *rarámuri*. Se puede decir que tiene el mismo nivel de respeto que un Gobernador. La Nana asume la responsabilidad de velar por el bienestar de los miembros de su comunidad.

personas – *chabochis*[10] - que han elegido ingresar a la Etnia Tarahumara desde el plano espiritual.

Por cerca de 20 años, esta experiencia le permitió descubrir su capacidad de ser visionaria, oráculo y sanadora, una guardiana de la puerta del ensueño y diseminar las semillas de esta sabiduría en muchos corazones ávidos de salud y libertad interna. Liberar almas del dolor se volvió su especialidad.

Su presencia en la Sierra, como dice el dicho popular: "seguía levantando ampollas". Especialmente a una de las nanas, quien un día le preguntó, desde la duda y el celo: "¿Por qué nuestros sabios te entregaron el conocimiento sagrado?" A lo que ella les respondió: "¡Nana, porque hoy es momento de tejer un vínculo para vivir la Ley de la Unidad! A ustedes les entregaron el don de mando en estas tierras y la responsabilidad de guiar a sus hermanos; a mi me entregaron el don de la curación del alma de los *chabochis*; ¿Cómo iba yo a

[10] Chabochi es el término con el que nombran al hombre blanco o que no pertenece a la etnia.

poder mandar en sus territorios? ¿Y cómo ustedes se iban a dar a entender con mis mujeres?" Logró ganarse su autoridad y respeto, pero sobre todo su cariño. Por años, esperaron su vista en Semana Santa, con gratitud y el corazón abierto, para compartir la más importante de las festividades tarahumaras: El Viernes Santo.

Mientras completaba su formación como curandera *rarámuri*, se estableció en Córdoba, Veracruz. Inició nuevos ciclos, en muchas ocasiones, con las manos aparentemente vacías, pero llenas de sus dones que siempre estuvieron al servicio de quien los necesitara. Posteriormente, se mudó a Manzanillo, Colima en donde formó al primer grupo de curanderas y del que aún permanecen dos fieles guerreras: Bertha Orozco y Juanita Contreras. Un día, recordó uno de los decretos de la Nana Mariquita: "Te establecerás en donde se encuentren los senos de la Madre Tierra, para ofrecer tu servicio". Aunque en ese momento no comprendió lo que ella le quiso decir, en un viaje a la Ciudad de Colima, cuando volteó a contemplar el horizonte reconoció los volcanes: el de Fuego y el Nevado, que efectivamente evocaban los senos de la Gran Madre

Terrenal y fue entonces que comprendió el mensaje. Se mudó a la ciudad de Colima, para consolidar el propósito de su vida.

Posteriormente, su comunidad más cercana en Colima y Guadalajara le dio el título de Madre, pues en diversos lugares de México, especialmente en Occidente y Norte del país es un título de sumo respeto, autoridad basada en el amor y reconocimiento a la sabiduría de una mujer. Sin embargo, en su caso, le fue otorgado pues reconocieron en ella a una madre espiritual, una mujer cuyo poder de sanación siempre emanó de la ternura, el amor y la compasión.

La labor de enamorar a su entorno de esta sabiduría milenaria fue ardua; a las personas más cercanas a ella les tomó varios años reconocer la belleza que existe más allá de los estereotipos y paradigmas de nuestras costumbres. Sin embargo, después de lograr innumerables testimonios de poder de la sabiduría tarahumara en los procesos de sanación, de contar milagros, hazañas e historias en sobremesas y madrugadas enteras, de transmitir el conocimiento a cientos de personas y después de muchos años de retornar con sus amados tarahumaras, llegó el día en que volvería a la sierra, llevando en sus alforjas los frutos de su trabajo: el grupo consolidado de mujeres formadas como curanderas.

Entonces, Madre María Félix pidió para ellas el reconocimiento de ser admitidas como parte de la comunidad; al día siguiente y después de pasar por el escrutinio de los líderes, ellas fueron reconocidas como miembros de esa bendita etnia y se integraron a sus celebraciones y rituales, sin distingos. A ella, le concedieron la autoridad de admitir en la etnia, desde el plano espiritual, a toda persona que se comprometa a servir a través de la medicina del águila, mediante el ritual de la apertura de alas.

Caminó paso a paso, a veces sola, a veces acompañada, su trabajo fue arduo, su fe inamovible y siempre guiada por el "Generalísimo Arcángel Miguel", como ella nos enseñó a llamarle, quien se convirtió en patrón, guía y protector de la comunidad que hoy continúa con su legado.

Amaba viajar para cumplir con su propósito, de pronto analizaba con cuántos recursos contaba para visitar algún lugar y ofrecer su medicina. Emprendió trayectos del occidente al centro de la República Mexicana, pensando que atendería a cinco personas y a su llegada se habían convertido en 20, 50 y hasta 150 personas.

Contribuyó con el empoderamiento de muchas personas, abrió las alas de muchas mujeres y hombres. Algunos emprendieron el vuelo y nunca volvieron; otros regresaron a su nido, llamado Casa de Curación con las alas rotas, el pico sangrado o las patas lastimadas, cual águila real en proceso de transformación y siempre recibieron el amor y la curación de una madre espiritual; otras se responsabilizaron de su vuelo de forma armónica. Las más cercanas a ella, fortalecieron aún más sus alas para continuar con su legado, tal y como ella siempre deseó.

Nos instruyó en ver la verdad de quiénes realmente somos, encontrar nuestra visión, percibir los mundos tangibles e intangibles. A través de su humildad nos mostró cómo conectar con El Gran Misterio, cómo abrir el Gran Laboratorio Cósmico para renovar, desde el plano energético, los órganos físicos de los viajeros de la Tierra. Nos enseñó a reconocer que sólo Dios es el que sana y no hay nada más poderoso que un arrullo maternal que se potencia con la magia de un rebozo, para liberar del dolor el alma de cualquier ser humano, sin importar su edad, condición o cultura.

En los procesos de sanación, como el Masaje del Alma, la llegué a percibir como el águila que se eleva por encima de las realidades materiales, para ir a recibir el soplo del Gran Espíritu y usar sus fieras garras que extrajeron el miedo y el dolor acumulado en tantos cuerpos físicos y contribuir así con su curación. En cada una de sus victorias celebraba exclamando: ¡PORQUE SÓLO ÉL ES DIOS!, un decreto que aún escuchamos en los rincones de nuestras almas, que resuena en el Universo y nos ayuda también a poner los pies en la tierra, cuando nuestro ego desea adjudicarse una victoria o cuando quiere "tirarse al piso" para lamentarse del proceso de transformación que nunca termina y, en ocasiones, duele.

En mis primeros encuentros con ella, aprendí a cruzar las ilusiones del miedo y el materialismo a través del contacto con la naturaleza, realicé caminatas nocturnas en el bosque con los ojos vendados, reconociendo el poder de la visión del alma. En su compañía, abrazar un árbol, dejarme sostener por la Madre Tierra, permitirme recibir un masaje de las semillas del maíz y el frijol, me ayudaron a lograr un mayor entendimiento de quién soy y a sanar profundas heridas. Estas vivencias me ayudaron a dejar ir mis cargas emocionales y como consecuencia, lograr los objetivos que me había propuesto con más agilidad y rapidez, entre ellos: publicar mi primer libro.

Así que heme aquí, cumpliendo un nuevo propósito: colaborar a que las semillas de su sabiduría y la visión de esta "mujer- águila", se expandan hacia diversos territorios. No puedo pretender reunir en un libro toda su sabiduría, pero sí lo que alcancé a comprender, aplicar e incorporar a mi vida y la exploración continúa.

Deseo que estas páginas resguarden algunas de las claves para acceder a las memorias de tantos rituales, abrazos, arrullos, cantos, poemas, sanación y consuelo para tantas personas; su sabiduría quedó escrita en el Libro de la Vida y en el corazón de innumerables personas y estas páginas pueden ser una llave adicional que facilite el acceso a ella.

Este también un homenaje para el grupo de personas, en su mayoría mujeres que se abrieron a recibir su conocimiento, para transformarlo en servicio; a quienes por cerca de 20 años vivieron con Madre María Félix el esfuerzo, la comprensión, la superación de las diversas experiencias de iniciación que han dado como resultado la obtención de su poder personal. Sin duda alguna, se han ganado el derecho de usar la medicina del águila, para los más altos fines, como es colaborar con otras personas a recuperar su propio poder.

Es el anhelo de mi corazón, que las palabras aquí plasmadas, también impulsen el vuelo de mis hermanos y hermanas curanderas, a los confines del mundo, para compartir esta medicina.

Esta es mi aportación a esta comunidad, de la que me reconozco parte, pues como lo llegó a mencionar Madre María Félix: "¡Hija! eres curandera a través de la palabra, una mujer enlazadora de mundos, tejedora de redes". En un ritual iniciático, en un lugar de poder en bajío mexicano, el 21 de agosto de 2017, desde su perspectiva, gané el derecho a obtener la apertura de mis alas de águila y se abrieron para mí las puertas espirituales de la Etnia Tarahumara. Este libro es el efecto de un ritual de semejante poder. Hoy deseo que ese impulso que ella un día me otorgó, sirva para difundir el regalo que esta sabiduría representa para el mundo. Ella nos mostró la consciencia de nuestras alas, pero a nosotros nos ha correspondido hacerlas crecer. "¡Sólo en el servicio crecen las alas!", mencionaba siempre.

La Medicina del Águila es un legado que ha sido resguardado por muchas tradiciones espirituales. Yo la conocí a través de la Sabiduría Tarahumara. Por lo tanto, te invito a recorrer conmigo estas páginas y conocer su medicina, para liberarte de los paradigmas que limitan tu libertad y tu felicidad. Sabemos que la salud ocurre cuando somos capaces de alinear pensamiento, emoción, palabra y acción. La cosmovisión *rarámuri* es una oportunidad para aprender a realizar esta alineación interna, para embellecer el sendero de tu alma y para aprender a recorrerlo con los PIES LIGEROS.

Deseo que este libro contribuya a que la lucha de la Etnia Tarahumara se transforme en una convivencia armónica, en el reconocimiento y respeto de su autenticidad y a que aprendamos a ser impecables con nuestra forma de habitar en el reino de la Madre Tierra.

A todos los *rarámuri* que conozcan la existencia de este libro, les pido que lo vean con buenos ojos. Sé que las páginas de un libro no son el medio a través del cual ustedes transmiten su cultura; sin embargo, es la forma en la que aprendemos las personas que fuimos formados en la cosmovisión occidental. En estas páginas respetaré todo aquello que debe ser transmitido de manera oral y compartiré sólo las claves, para que quien elija contactar y tomar la bendición de esta sabiduría, pueda encontrarla a través del grupo de personas que recibieron la medicina del águila de manos de Madre María Félix. Mis intenciones son puras y sólo estoy siguiendo, lo que aprendí de ustedes: escuchar mi voz interna y seguir el impulso de mi corazón.

Capítulo 2
Danzantes de la eterna espiral de la consciencia

Cuando voy hacia el pueblo,
el polvo es tan sólo polvo y el agua es tan sólo agua y
el viento es tan sólo viento.
Pero cuando danzo en piso de tierra y levanto polvo, entonces el polvo es la carne de mis antepasados,
el agua cristalina que corre es la sangre del mundo y
el viento el espíritu de mi raza.

Poema Tarahumara

Martín Makawi[11]

Un día leí una frase llena de sentido: "La historia narra lo que se escribió, **no necesariamente lo que ocurrió**"[12].

---

[11] Martín [Chávez] Makawi es un poeta, traductor, músico y promotor cultural rarámuri (tarahumara).

A través de diversos medios, no reconocidos aún como oficiales, muchos de ellos inspiraciones o canalizaciones, me ha llegado una historia que una parte de mi reconoce como cierta.

Se habla de una gran civilización llamada Atlántida que data de muchos milenios, más que lo que nuestra historia oficial ha alcanzado a registrar. Cuenta la leyenda que sus habitantes lograron un avance científico y tecnológico que, aún hoy, difícilmente podríamos comprender. Se habla de que olvidaron que el poder se sostiene a través de la alineación del espíritu, la mente, las emociones y la acción, **la evidencia de esta alineación se llama humildad**.

Se dice que los habitantes de Atlántida perdieron la humildad, que fue tal la manipulación tecnológica que llevaron a cabo, que dañaron las capas del planeta, lo que produjo un cataclismo que terminó por hundir grandes extensiones de tierra, como resultado de un gran diluvio. Las tradiciones religiosas también nos

---

[12] McGowan, Kathleen. La Esperada, Editorial Umbriel, España, 2006

cuentan una historia similar y los exploradores han encontrado vestigios de construcciones en el fondo del océano.

No me resulta ilógico considerar que el género humano de aquel tiempo perdió el propósito y se dejó llevar por la soberbia de todo aquello que la tecnología podía producir, influir en el entorno y en otros seres humanos, para vivir la experiencia del poder. Cuentan las leyendas que se manifestaron muchas señales que no quisieron considerar, hasta que ocurrió la catástrofe.

Dicen los relatos que se transmiten de boca a oídos, que algunos de sus sobrevivientes se comprometieron a resguardar las claves de la evolución en diversos rincones de la Tierra a través de la sabiduría egipcia, esenia, celta, oriental; se habla de que algunos de sus sobrevivientes se asentaron al Norte de Europa, otros llegaron a América y fueron el origen de diversas culturas que hoy conocemos como: *los Lacotas, Cheroquis, Cheyenes, Yaquis, Mayas, Aztecas, Olmecas, Mapuches*, los hombres y mujeres del conocimiento conocidos como *Toltecas*, *los Incas*, *Keros*, entre otros y por supuesto: los *Rarámuri*. Este podría ser el motivo por el cual encontramos tantas similitudes en los símbolos y prácticas de diversas culturas, que aparentemente, no interactuaron y no se conocieron físicamente.

Aún cuando la civilización occidental los ha llamado salvajes, primitivos, necios, hoy la experiencia nos permite reconocer que todas estas tradiciones, culturas y etnias son guardianes de **las claves de la humildad**, que todos necesitamos comprender e incorporar a nuestras vidas y asegurar tanto nuestra salud, como la del planeta.

Hoy que nos preguntamos: ¿Por qué nuestras cargas emocionales son tan exacerbadas? ¿Por qué tenemos tanto miedo, ansiedad, frustración? Puedo compartirte una posible respuesta: **por la arrogancia**. La etimología latina de esta palabra es *arrogare*, que quiere decir apropiarse. No necesariamente se trata de apropiarse de algo material, sino de un rol y esto ocurre **cada vez que juzgamos.**

Entonces arrogamos al juzgar a nuestros padres, familia, pareja, jefes, compañeros, gobierno y con este acto asumimos sus cargas energéticas que posteriormente tendrán un impacto en nuestro estado emocional y por lo tanto en nuestra salud. El acto de arrogar, por lo general está asociado a la búsqueda del reconocimiento externo, que por lo general no se logra desde este estado de consciencia, lo cual termina por exacerbar nuestras cargas y producir sufrimiento. Te invito a reflexionar: **¿Para qué juzgas cuando juzgas?,** ¿Con qué frecuencia lo haces? Seguramente encontrarás muchas respuestas respecto a tu estado emocional, tu vitalidad y tus resultados.

La virtud que nos podría ayudar a evitar la arrogancia, sin duda, es la humildad. Este concepto tiene muy poco que ver con los recursos materiales o con la ropa que usamos. No tiene que ver con la postura de agachar la mirada frente a quien promete seguridad o aprobación. La etimología de la palabra "humildad" proviene del latín *"humilis"* derivado de *"humus"* que significa Tierra. Significa reconocer nuestro lugar y el rol que desempeñamos. La persona humilde podrá estar en desacuerdo con las formas de ser o decisiones de otras personas, pero en vez de juzgar se enfoca en realizar su rol y responsabilidad de la mejor forma posible; y por lo tanto, se trata de una persona con capacidad de aprender, de auto-transformarse y auto-realizarse. Y con esta reflexión recuerdo las Enseñanzas de Don Juan a Carlos Castaneda: "La humildad del guerrero es muy diferente a la humildad del pordiosero. Un guerrero jamás se inclina frente a nadie, pero tampoco permite que nadie se incline ante él."

A algunas personas les produce rechazo la palabra humildad. Sin embargo, ¿en cuántas ocasiones, teniendo todo aparentemente, las personas tienden a inclinarse ante quien les puede brindar limosnas de seguridad, poder, amor o aprobación? Y por lo general, cuando la oportunidad se presenta, se incurre en la arrogancia y en ciclo de sufrimiento que mencioné anteriormente.

La invitación de la sabiduría tarahumara, tiene que ver con fortalecernos a partir de la virtud de la humildad, desde la que reconocemos nuestro lugar en el mundo y nos permitimos asumir nuestro rol y responsabilidad desde la impecabilidad. **¿Cuáles son esas claves de la ética y la humildad que hoy podríamos aplicar para aligerar nuestras cargas emocionales?** Pues puede haber muchas más, las que en este momento alcanzo a ver son las siguientes:

- Reconocer nuestro lugar en los diversos sistemas a los que pertenecemos. Asumir la responsabilidad de nuestro rol y desempeñarlo lo mejor posible.
- Evitar juzgar.
- Que nos importe, lo que a otros les ocurre con las decisiones que tomamos.
- Restituir a la Tierra todo lo que se toma de ella.
- La capacidad de producir alimento, sin contaminar.
- Evitar producir materiales que contaminen la Tierra y los océanos.
- Vivir a través del trabajo creativo, artístico, científico y tecnológico enfocado en el bien común.
- Evitar el desperdicio y la acumulación.

- Dejar un mundo habitable a las futuras generaciones.
- Respetar todas las cosmovisiones y formas de vida.
- Aprender y evolucionar a partir de la observación de las leyes de la naturaleza.
- Prepararse permanentemente para la vida, después de la vida.

La existencia de las culturas originarias nos recuerda cómo volver a lo esencial. Nuestra sociedad cuenta con el desarrollo científico, tecnológico, económico y religioso, ellos cuentan con lo que es básico e imprescindible para preservar la vida. Sus símbolos, colores, formas de vida a mucha gente no le resultan agradables; creo que son tan coloridos, llamativos, pues pretenden prestarnos el servicio de aprender a observar y recordar aquellas memorias de la historia que también viven en nuestras células, para integrarlas a través del respeto y tener ojos para ver los cambios que nos corresponde realizar, a favor de la vida el equilibrio y la sustentabilidad.

En las sobremesas, Madre María Félix nos contaba que los sabios tarahumares se reconocen descendientes de los atlantes y que habitan las barrancas del Norte de México desde hace milenios. Que el líder actual de la comunidad que la recibió es el número 553. Si cada uno ha dirigido la etnia un promedio de 20 años, estamos hablando de que han habitado ese territorio cerca de 11, 000 años o quizá más, ya que por su forma de vida son personas longevas. Una cifra que coincide con las intuiciones del hundimiento de Atlántida y el relato del diluvio que narran diversas religiones.

Madre María Félix nos contaba que en el seno de la etnia, en lo que ellos llaman: Tierra Sagrada, eligieron la misión de vida de contribuir a través de sus rituales y forma de vida, a sostener el equilibrio de la energía de los Trópicos. "Tengamos cuidado de todo nuestro mundo, cuyos pilares en verdad somos nosotros, nosotros somos las columnas del mundo, nosotros somos las columnas del cielo, por eso Dios tiene el mundo en sus manos.", se escucha decir a sus sabios. Un servicio difícil de ver para el ojo físico y de comprender si elegimos observar y evaluar desde nuestros paradigmas.

¿Cómo contribuyen con el equilibrio? Desde mi comprensión, su forma de vida permite que la diversidad y la autenticidad prevalezcan, la manera en la que se muestran al mundo, siendo quiénes son, sin expectativas de aprobación; pidiendo permiso, tomando y restituyendo de la Tierra sólo lo que requieren para vivir en armonía, liberando el dolor del alma de forma natural, viviendo de la creatividad...danzando. "Si es cierto que el indígena danza- hace fiesta-para vivir, en cierto sentido **vive para danzar**. La danza es uno de los tipos preferidos de culto a Dios de los tarahumares; para ellos es una forma de oración"[13]

> "Nosotros sabemos que cuando nos olvidamos de danzar, nuestros corazones se extrañan de la naturaleza, nuestros sentimientos se endurecen y perdemos reverencia y respeto para todo lo que

[13] Brambila, David. Bosquejos del alma tarahumara. Chihuahua, Camino. 1992 pp. 42

vive. (...) Si el baile de la vida llega a parar, nuestros amigos y parientes bailarán y cantarán para alegrar nuestro espíritu en su despedida. Tres o cuatro días de música les quitará el dolor de la despedida, por que pronto llegaremos al orión o a uno de los tres pisos del cielo y recordaremos las canciones que cantamos y los bailes que bailamos. Una vez bailamos con capullos de mariposas amarrados a nuestros tobillos; sus sonidos de retintín continuarán resonando con el movimiento de las estrellas, porque nacimos del capullo: la eterna matriz de Nuestra Madre, la Tierra. Cuando muramos volveremos suavemente entre nuestros amores y amistades para despedirnos.

Nacemos, vivimos y nos acostamos a descansar en la palma abierta de nuestra Madre, la Tierra. Somos como las hojas, moviéndose en el viento con las ramas. En otros follajes sentimos el pulso, ritmo y enlace con todo lo que vive. Nosotros y nuestros amigos, los animales, nos entendemos. Tenemos una manera armoniosa y natural de vivir y vivimos cerca de Nuestra Madre, la Tierra, donde podemos permanecer en buena salud desarrollando nuestras fuerzas al aire libre, el sol y los manantiales de agua

> pura y clara (…) La libertad de movimiento transforma el trabajo y el juego en un baile de la vida, donde los pasos siguen los cambios de la temporada hasta que el bailador logra sentirse una parte de la creación.[14]

¿Y si fuera cierto?, ¿Y si fueran una cultura experta en el mundo inmaterial, intangible e invisible? ¿Y si es verdad que con sus danzas, temazcales, toque de tambores, caracoles y arte contribuyen energéticamente con el equilibrio planetario? ¿Y si sus prácticas nos ayudan permanentemente a evitar catástrofes naturales? ¿Y si su sabiduría nos pudiera ayudar a liberar el dolor del alma, para ser capaces de manifestar nuevas experiencias? ¿Y si integrando elementos de su forma de vida logramos contribuir con la sustentabilidad de nuestra Tierra? Muchos de nosotros hemos comprobado que la danza sana los duelos, que el Temazcal eleva el sistema inmunológico, que el sonido del tambor fortalece la confianza básica, que el toque del caracol libera el dolor físico. Los principios de física

[14] Wheeler, Romayne. La vida ante los ojos de los rarámuri. Chihuahua, Camino 1992. Pp. 15, 16, 19 y 20.

cuántica nos ayudan a comprender que todo esto tiene un impacto mucho mayor, al que seguramente hemos considerado. Sólo te invito a trascender los paradigmas de la racionalidad y preguntarte: ¿Y qué tal si...?

Viajemos entonces a través de esta conversación y visitemos perspectivas que nos permitan traducir al lenguaje cotidiano el legado de este grupo de sabios espíritus que hoy pueden enseñarnos a ver lo que es obvio, lo que siempre ha estado a nuestro servicio y nos puede ayudar a lograr la paz y el tan anhelado equilibrio. Te invito a emprender este viaje como lo haría el águila real entorno a las inmensas barrancas de la Sierra Madre Occidental en Chihuahua México, viajemos entonces a los confines de nuestra consciencia.

Evoquemos a las grandes rocas que han resguardado una sabiduría milenaria, los pinos, los sauces y una comunidad de hombres y mujeres que suelen vestir con atuendos de llamativos colores, resguardarse en cabañas y cuevas; viviendo el milagro del aquí, el ahora y recibiendo el pan de cada día a través de su trabajo creativo artesanal: hilando ropa, carpetas, rebosos, canastos, utensilios y quitapesares[15].

Una comunidad silenciosa y a la vez guerrera; tampoco puedo negar, que en algunos, la sombra de una sociedad inconsciente se ha permeado en sus almas, provocando el olvido de quiénes son, exacerbando su sufrimiento y rencor. Sin embargo, se ha comprobado que su ADN es diferente. Se trata de una etnia que no tiene miedo a la libertad, al clima extremo y, tal parece que, tampoco al cambio llamado muerte; ellos saben que su cosmovisión es distinta, pero también necesaria; han elegido vivir el silencioso equilibrio frente a la aplastante ambición e ignorancia de muchos grupos humanos, que aún no recuerdan que TODOS SOMOS UNO.

Que la medicina del águila te ayude a hacer cambios de paradigmas, es decir: activar la voluntad de ver las cosas de manera diferente, desde una perspectiva más amplia y más alta y a recibir un conocimiento que hoy puede

[15] Muñecas artesanales hechas de madera.

ser relevante para ti, para tu equilibrio, armonía y felicidad.

¿Qué paradigmas observaremos? Los que representan nuestras más grandes maestrías y nos producen sufrimiento: la **salud, la carencia y los conflictos en las relaciones humanas**. Los analizaremos a través de la cosmovisión de los hombres y mujeres que desde hace milenios habitan y recorren esas barrancas, como si la ley de la gravedad ejerciera una menor presión sobre ellos; sabemos que ganan maratones sin tomar suplementos alimenticios o usar equipo deportivo, lo que les ha llevado a ser conocidos como los *rarámuri,* los hombres y mujeres **de PIES LIGEROS.**

Pero hablemos de ti y de lo que podemos aprender de esta etnia. ¿Cómo vives el paradigma de la libertad? ¿Eres capaz de mostrarte tal cual eres, sin expectativas de aprobación? ¿Eres consciente del precio que has pagado por la predisposición al juicio, crítica o la exclusión? ¿En cuántas ocasiones has puesto en tela de juicio tu capacidad o valor como persona, por ser, pensar, intentar vivir diferente a quienes dictan los estándares? ¿Cuánta energía has invertido en lograr la aceptación de otros? ¿Cuántas veces has juzgado a aquéllos que son, piensan o visten de forma distinta a la tuya? ¿De qué manera te has autocastigado o has sentido culpa por pretender realizar tus sueños? ¿Qué tanto duele tu carga?

¿Acaso no te gustaría desplazarte por la vida con libertad y fluidez?, ¿Que tus pies o rodillas dejaran de doler, que te permitieran recorrer los caminos que no te atreves? ¿En cuántas ocasiones has pensado en salir corriendo de las prisiones que has configurado a través de la seguridad de un empleo o una relación tóxica?

Para lograr la libertad, necesitaremos humildad para voltear a vernos tal cual somos, sin máscaras. La humildad emerge cuando nos disponemos a escuchar, sin juzgar, cuando reconocemos que desde el lugar en el que nos encontramos recibimos una perspectiva de la verdad y nos disponemos a unir nuestra perspectiva con la de otros, para construir una visión mayor.

Así es que sostengamos el vuelo, continuemos con la danza en el espiral de la consciencia y volvámonos danzantes.

Capítulo 3
De la rutina al ritual

En mis primeros acercamientos al conocimiento de la etnia tarahumara, observé que prácticamente todas sus actividades son un ritual con un poderoso significado y uno de mis primeros aprendizajes fue observar mis rutinas y transformarlas en procesos creativos, es decir, en rituales.

Un ritual, según la definición del diccionario, es una serie de acciones realizadas principalmente por su valor simbólico, que están basadas en alguna creencia, ya sea una religión, una ideología, un acto deportivo, las tradiciones, los recuerdos o la memoria histórica de una comunidad, etc. Los rituales dan vida a una cultura y le permiten prevalecer de generación en generación. Todos hacemos rituales en nuestra vida cotidiana: reconocer un logro, celebrar un cumpleaños, una graduación, un matrimonio, una clausura e incluso un funeral. Los rituales son un acto creativo que nos permite establecer un orden energético, un cambio de ciclo.

Los rituales no son solo una actividad, sino que tienen un poderoso impacto en la energía. A través del estudio de la física cuántica, comenzamos a comprender que cuando pensamos, sentimos, hablamos y actuamos **emitimos** frecuencias electromagnéticas que conectarán con dimensiones del campo cuántico que sean similares en frecuencia, manifestando una realidad física o **atrayendo experiencias.**

¿Qué quiero decir con esto? que si piensas en un asalto y te permites sentir miedo, te vuelves vulnerable a atraer esa experiencia. Por tal motivo, los nuevos enfoques en salud e inteligencia emocional nos dicen: **en la vida te va a ir según como te sientas**, pues las emociones en la dimensión energética ejercen **atracción magnética** de experiencias similares. En otras palabras, eres responsable de tu realidad, pues tus emociones la configuran. ¿No te parece una buena noticia? Para que te vaya bien, sólo tienes que preocuparte de sentirte bien y obviamente, hacer lo que te corresponde. Entonces, un ritual te puede ayudar a cambiar o sostener un estado emocional propicio para tu bienestar y el logro de tus objetivos.

La inconsciencia acerca de lo intangible y el desconocimiento de cómo funciona nuestra naturaleza creativa nos ha llevado a tener una "aparente ruptura" con nuestra dimensión espiritual, creyendo que todas las vicisitudes y caos que vivimos no tienen nada que ver con nosotros, que son producto del destino, voluntad de Dios o responsabilidad de otros.

Karina Falcón, La Mujer Lunar, en una de sus aportaciones de las tradiciones ancestrales y procesos sagrados femeninos, me ayudó a poner el foco de atención en la composición de la palabra **"espiritual"**, reconociendo que incluye el concepto: **ritual.** Por lo tanto, comprendo que **un ritual** puede ser un **poderoso vínculo** que nos permita reconocer que la realidad material y espiritual forman parte de la misma unidad y **nos permiten propiciar alineación y orden energético.**

Hoy, a través de mis primeras comprensiones sobre física cuántica, las aportaciones de Albert Einstein y los experimentos que fundamentan su teoría, entiendo que todo el Universo es energía; que las partículas se encuentran dispersas, por así decirlo, en estado de caos, esperando la atención de un **observador humano** que les dé el orden que desea manifestar. Es así como surgió mi comprensión del concepto CAORDICO. Del caos, al orden.

Un ejemplo cotidiano puede ser el caos de la energía dispersa de los componentes de un postre: harina, huevos, leche, vainilla; hasta que decidimos usar un recipiente para establecer un orden, una forma y un resultado. Reconocemos que necesitamos la dinámica caordica para manifestar, crear, evolucionar.

A veces el caos puede ser interno, cuando no podemos parar la dinámica de nuestros pensamientos y emociones. ¿Cómo se logra el orden? cuando declaramos un objetivo que nos da dirección; si además lo acompañamos de un ritual que armonice nuestras emociones, sin duda potenciaremos el resultado.

Hoy puedo reconocer que en realidad un ritual **es el resultado de haber realizado un cambio interno**, la culminación de todo el movimiento que se genera cuando nos damos cuenta de algo o hemos tomado una decisión. Entonces, los rituales se convierten en una medida de orden, en una poderosa declaración o en un acto creativo que fortalece nuestras intenciones.

La etnia *rarámuri* no es la excepción. He vivido, a través de esta maravillosa sabiduría, la posibilidad de reprogramar las memorias de mi gestación en un ritual llevado a cabo en un río. He aprendido a convocar a los Rumbos Sagrados para vivir la humildad de pedir permiso, protección, declarar gratitud y apertura de ciclos. He aprendido a tocar el caracol, para saludar a la Creación Universal y su Autor, potenciando mi entusiasmo por vivir. He reconocido el poder sanador de recostarme en la tierra, de abrazar un árbol y ordenar mis emociones al masajear mis pies con semillas de maíz o frijol. He aprendido a volver, simbólicamente al vientre materno para depurar mi cuerpo físico, emocional y mental a través del poder sanador de las piedras sabias, que se funden con el agua, las hierbas y el fuego en el Temazcal. Éstas han sido nuevas formas de establecer un orden en mi vida y lograr manifestaciones armónicas.

Al igual que la cultura egipcia, los *rarámuri* practican la observación de la naturaleza para incorporar en su consciencia las características de diversos animales y plantas. Así han aprendido a correr como pumas, o leones de montaña, como se conocen en Chihuahua, a ser libres de apegos como el águila, a elevarse por encima de los paradigmas limitantes del frío, calor o escasez. Reconocen que una pluma de águila puede limpiar la energía emocional y mental que ha enfermado un cuerpo físico. Comprenden que el sonido del tambor puede ayudarnos a alinear nuestra frecuencia, con la del planeta y armonizar la vorágine de una vida acelerada, así como cerrar nuestros círculos de vicio, prisa y rutina.

Aprendí a realizar rituales de gratitud a la Madre Tierra. Aunque alguna vez reflexioné: Le estoy ofreciendo a la Tierra todo lo que es de ella. "¿Cuál es el mérito?", me pregunté: semillas, agua, incienso. Entonces reconocí que yo misma le pertenezco, que de ella vengo y a ella iré. Usar estos recursos me permite ordenar mi caos mental y activar la creatividad, la gratitud y la alegría; reconocí que esta es la verdadera ofrenda a la Gran Madre Terrenal, al Padre Celestial y a toda la vida en el Universo.

¿Entonces un ritual es necesario? Más que necesario es conveniente, pues nuestro cerebro integra lo inconsciente a lo consciente a través de imágenes; esto nos facilita realizar los cambios que nos hemos propuesto y manifestar nuestros resultados de forma creativa y armónica. En otras palabras, nos ayuda a crear redes neuronales, para experimentar las nuevas etapas de nuestras vidas de forma equilibrada.

Entonces te pregunto: ¿Eres consciente de todos los rituales que forman o han formado parte de tu vida? ¿Los has realizado desde una intención alineada? ¿Han propiciado el resultado que esperabas? ¿Identificas cuál fue tu intención de hacerlo?

Creo que nuestra vida espiritual se fortalecería si reconociéramos que todo puede ser elevado a la frecuencia de un acto de poder. Se dice que los monjes tibetanos pueden lograr la iluminación al barrer un patio, pues convierten una tarea aparentemente rutinaria, en un ritual.

¿Qué tal si comenzamos por transformar en ritual el acto de levantarnos y agradecer la vida? ¿Si potenciamos el poder de un baño agradeciendo al ángel del agua su gran labor de purificación e hidratación de nuestros cuerpos para mantener la vida y la salud? Dicen algunos exploradores de física cuántica, que bendiciendo los alimentos podemos modificar su estructura molecular y evitar cualquier daño a nuestro cuerpo físico. ¿Y si reconociéramos que todo saludo, clase, junta de trabajo es un encuentro de espíritus experimentando la realidad física, contribuyendo con la danza de la evolución?

Sin duda, estas prácticas nos ayudarían a entrenar nuestra mente, para evitar todos los daños que nos produce el caos del pensamiento, tanto en lo individual como en lo colectivo **y transformar nuestras vidas en actos creativos, más que en rutinas.**

En todo caso, te compartiré mi comprensión y aprendizaje de los rituales, que practican los *rarámuri* (y que tienen grandes similitudes con las culturas de América) y de qué manera me han servido para incorporar su sabiduría en mi vida cotidiana, ordenar mi caos y prepararme para grandes acontecimientos; comprender el ciclo de la vida y la muerte como ellos lo hacen. Comencemos entonces con la exploración y comprensión del primer ritual, la convocatoria a los Siete Rumbos Sagrados que conforman la Rueda de la Medicina.

Capítulo 4: La Rueda de la Medicina: Convocatoria a los Siete Rumbos Sagrados

Muy temprano, cuando el Sol comienza a besar con sus rayos las esplendorosas barrancas de la Sierra Madre Occidental, el sabio *tarahumar* reconoce que ha iniciado un nuevo ciclo, que tiene una nueva oportunidad de experimentar, servir y crear.

Al ser consciente de que vivimos en ciclos, al iniciar y cerrar un día o una ceremonia, el *rarámuri* saluda a la guardianía de los Siete Rumbos Sagrados, pidiendo permiso para incorporar su energía, expresando a cada uno su gratitud, pidiendo protección y ofreciendo el toque de caracol, otros instrumentos y la representación de los cuatro elementos, para potenciar el poder de su gratitud e intención.

El *rarámuri* saluda:

A los Guardianes del

Este

Oeste

Sur y

Norte

Al Reino del Padre Celestial (El Arriba)

Al Reino de la Madre Terrenal (El Abajo)

Y la divinidad que habita en su Corazón.

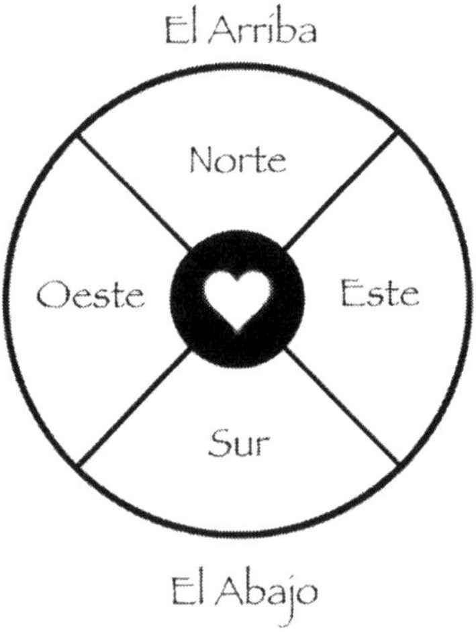

Todo esto, a través de hermosas y poderosas frases que nos permiten reconocer el propósito de cada rumbo de la creación y que sólo se comparten de boca a oídos; por lo tanto, por respeto a su tradición no describiré en estas páginas las palabras de dicha convocatoria; mejor te invito a unirte a un ritual *rarámuri,* cuando sea posible para ti o a diseñar tus propios decretos e invocaciones, una vez que hayas incorporado a tu vida la magia de la Rueda de la Medicina.

Sin embargo, me permito compartir mi aprendizaje y comprensión respecto a la influencia de los Rumbos Sagrados en el desarrollo de la consciencia, para reconocer la posibilidad y el regalo que representan en nuestra vida.

Si tan sólo lleváramos a lo cotidiano la aplicación de estos párrafos: ¿Cómo sería nuestra vida si nos acostumbráramos a ser conscientes de los ciclos que abrimos, cerramos o dejamos abiertos? ¿Cómo serían nuestras interacciones si primero pidiéramos permiso para visitar, para dar una aportación, para intervenir, para tomar un fruto, una flor o la vida de un animal? Imagina un mundo en el que un servidor público, al llegar a su nuevo cargo, primero pidiera permiso para intervenir, agradeciera todo lo que sus antecesores aportaron y ofreciera su servicio, para fortalecer y enriquecer el legado de los que pasaron por ahí antes que él. Seguramente escribiríamos una nueva historia.

Por lo tanto, es conveniente reconocer que tanto nuestro cuerpo, como nuestra consciencia y nuestros proyectos, tienen ciclos. Este reconocimiento podría ser determinante para nuestra salud y el éxito de todos los dominios de nuestra vida.

Como lo mencioné en las primeras páginas, a través de diversas fuentes he reconocido que el desarrollo de nuestra consciencia se simboliza con una **espiral**, que vamos subiendo cuando se expande nuestra capacidad de observar y tomar decisiones equilibradas. He distinguido muchos métodos para ayudarnos a comprender el desarrollo de la consciencia y he identificado que todos tienen su origen en la sabiduría ancestral conocida como **La Rueda de la Medicina**.

Comencemos con la comprensión del primer ritual y la posible aplicación a nuestra vida cotidiana.Te anticipo que este símbolo es una poderosa herramienta que funciona para establecer orden en el caos, como método terapéutico, para el desarrollo espiritual, de análisis de problemas, como método creativo e incluso como herramienta de administración del cambio.

I) La Rueda de la Medicina

El Rumbo Este

'Para el Tarahumar el Fuego es un elemento indispensable a la vida humana; implica luz y calor, y se da en la Tierra y en el Cielo, y en todo ser vivo. Pero hay fuego que da vida y fuego que mata; fuego humano y celestial, que no depende del ser humano y le es propicio y vital, pero también puede ser mortal.[16] "

El fuego humano está representado en sus intenciones y la voluntad de cumplirlas:

¿De qué tipo de fuego eres portador?

El sabio *tarahumar*, todas las mañanas, activa la sabiduría de la Rueda de la Medicina, saludando a los Guardianes del Rumbo Este, reconociendo y agradeciendo su aportación en el acto de la creación.

---

[16] Fundación Tarahumara-José A. Llaguno. Tarahumara: El mundo de Pepe Llaguno. Fundación Tarahumara. USA 1994. Apartado: El baile de la vida y de la muerte.

El Rumbo Este es el estado de consciencia que representa el inicio de los ciclos, coincide con el punto a través del cual percibimos la salida del Sol; por lo tanto, está asociado al amanecer y la primavera, la fase de la siembra para el agricultor, la fase de planeación de una organización; cuando una pareja define su propósito común o cuando eliges transformar tu conocimiento y experiencia en un proyecto. Representa la nueva oportunidad que todos tenemos de experimentar, servir y expandirnos.

La energía de cada rumbo, no sólo es un elemento externo, también tiene una influencia en nuestra psique y en cada etapa de nuestra vida. El Rumbo Este en nuestro cerebro, está asociado al hemisferio izquierdo el que gestiona las funciones lingüísticas, simbólicas, analíticas, organizativas, secuenciales, etc.

Es la fase de preparar los surcos y sembrar. En las empresas corresponde al momento de planeación del nuevo ciclo, la definición de la visión, misión, código de valores, objetivos, indicadores, metas y plazos, así como la comunicación de los mismos. Es fácil reconocer que si una persona, grupo o empresa se permite pasar por la energía del Este, está definiendo los resultados que obtendrá en el futuro, el núcleo de todo el plan. Este rumbo nos invita a reconocer que cosecharemos aquello que hayamos sembrado.

Madre María Félix transitó en diversas ocasiones el Rumbo Este. Cuando aceptó el compromiso de ser un puente entre la cosmovisión *rarámuri* y nuestra sociedad, para contribuir con la liberación del dolor del alma humana y cuando transformó dicho propósito en un plan. Cuando se elevó por encima de la crítica de su entorno, sus propios retos cotidianos y mantuvo su determinación. Cuando se propuso sembrar a través de la formación de curanderas y algunos curanderos que también resonaron con este llamado; al definir la construcción de su primer Temazcal, cuando convocó al primer viaje a las Barrancas del Cobre y se dispuso a visitar cualquier lugar de la República Mexicana en el que hubiera el mínimo interés por conocer esta sabiduría. "Que la muerte me conceda el privilegio de encontrarme haciendo mi trabajo", esta frase que le escuché en el primer curso que tomé con ella, me llegó a las entrañas. Después fue una realidad: se fue de este plano en el cumplimiento generoso de su deber un día después de haber viajado a Querétaro y de haber realizado masajes del alma durante dos semanas. Es con esta actitud que una mujer como ella, pudo trazar un nuevo surco, un nuevo círculo en la espiral de la creación, un nuevo camino para muchas personas. Es así como se recorre este rumbo, contribuyendo con la creación a partir de nuestra voluntad y determinación.

Entonces, podemos reconocer que este estado de consciencia representa la salida de la zona de comodidad y cuando se trascienden las limitaciones mentales del *no sé, no puedo, es cansado, no lo merezco, qué va a decir la gente y así sucesivamente*. Es cuando el águila (nuestra dimensión espiritual) devora a la serpiente (nuestra dimensión terrenal) y nos permite contribuir con la evolución, a través de nuestras experiencias, por lo tanto, requiere de nosotros determinación y valor.

Mientras escribo estas páginas me encuentro transitando el Rumbo Este, venciendo mis resistencias, mis dudas, elevándome por encima de mis rutinas y temores, preparando el terreno para nuevas experiencias.

¿Cómo lo vives tú? El Rumbo Este te invita a elevar tu vuelo, sólo inicia y percibirás la apertura de tus alas. Si crees que tu objetivo es imposible, es cuando más te tienes que comprometer a cumplirlo. Avanza y te llegará la energía para iniciar otro ciclo, no pongas tu atención en todo el recorrido, sólo en el siguiente paso y te llegará el ánimo, aparecerán la ayuda y los recursos necesarios. Como lo expresa José Luis Parise, autor del método de los Once pasos de la Magia: La energía divina no te llegará para que te muevas, te llega porque te moviste.

a) El Rumbo Este como un estado de consciencia

Lograr el equilibrio y la libertad de andar con pies ligeros, depende de nosotros. ¿Quien puede temer a su cosecha, **si está seguro de lo que sembró**? Pero es este aspecto de nuestra vida del que no necesariamente somos conscientes. Para transitar el **Rumbo Este** de forma armónica necesitamos reconocer **nuestra**

intención al iniciar un ciclo, un proyecto, una asociación, un servicio, de compartir lo que hemos aprendido, pues la intención es la semilla para cosechar un resultado.

Qué diferentes serían nuestros resultados si todos reflexionáramos:

¿Para qué deseo iniciar este proyecto?
¿Para qué quiero iniciar una empresa?
¿Cuál es mi intención al tomar el liderazgo de un equipo?
¿Cuál es mi propósito de unirme con alguien en matrimonio?
¿Para qué quiero tener hijos?
¿Para qué quiero propiciar una asociación?
¿Para qué quiero ofrecer un servicio?

La respuesta de este para qué, será siempre una fuente muy importante de auto-conocimiento, auto-reflexión, auto-regulación. Pues normalmente es imperceptible para nosotros cuando estamos sembrando las semillas de un nuevo ciclo y nuestra intención está basada en el miedo, la auto-importancia, la necesidad de reconocimiento, la ambición, el rechazo a nuestras experiencias presentes, el delirio de superioridad, replicar antiguos patrones, adoctrinar a los demás, entre otras muchas intenciones ocultas en el velo de nuestro inconsciente.

Sin embargo, no se necesita mucho análisis. Dicen las leyes espirituales que **nuestros resultados siempre serán de la misma naturaleza que la intención que los produjo**. Así que cuando las cosas no resulten como tú esperabas, siempre es muy conveniente reconocer la intención de tus actos y decisiones.

Cuando hayas reconocido que tus intenciones no están sostenidas en un propósito mayor, no te culpes. Sin eximirte de tu responsabilidad, también es necesario reconocer que somos repetidores inconscientes de los patrones de conducta de hasta siete generaciones de nuestros ancestros, de acuerdo con las teorías de sistemas familiares y los textos sagrados. Evoca entonces al espíritu de los seres alados, que son guardianes del Rumbo Este: El águila, el halcón, el cóndor, el quetzal, el búho, el cuervo, el colibrí, para salir de la inercia de tu zona de esa zona de comodidad y de la repetición de experiencias.

Tanto los *rarámuri* como las demás culturas originarias, reconocen que los animales son en realidad consciencias cósmicas, parte del Gran Espíritu y sirven a la humanidad en su proceso evolutivo. Al contemplarlos, incorporas sus cualidades en tu consciencia. Inspírate en su capacidad de volar, de ser capaces de observar desde perspectivas más altas, más amplias, en la luz y en la obscuridad, para reconocerte y explorar nuevas creencias, emociones y, por lo tanto, nuevas experiencias. ¿Qué significaría esto? Observarte como el resultado de miles de años de evolución, de las decisiones de miles de personas que te antecedieron y honrar tu momento presente, al ser capaz de elegir desde un nivel de consciencia más elevado.

¿Valdrá la pena que tus decisiones estén basadas en la ambición, la codicia, la necesidad de reconocimiento, la manipulación, el control, el miedo, la culpa, la vergüenza, la carencia? Será importante que lo reconozcas pues estarás determinando a tus descendientes a replicar esas experiencias; hasta que algún valiente que ame tanto a su sistema familiar y al proceso evolutivo del Universo, elija tomar decisiones diferentes. Hoy te invito a ser tú ese valiente a permitir que el águila (tu dimensión más elevada) devore a la serpiente (los patrones de conducta que nos anclan a la limitación).

b) ¿Cuáles son las señales para reconocer que no estás transitando de forma armónica este estado de consciencia?

- Cuando todos tus propósitos y sueños se queden en planes y te permites vivir en la misma rutina.
- Cuando te dejas vencer por el *no sé, no puedo, no tengo, no merezco, qué va a decir la gente.*
- Cuando eres inconsciente de lo que permanentemente estás sembrando a través de tus pensamientos, emociones, palabras y acciones discordantes.

- Cuando estés replicando las experiencias de limitación de ciclos anteriores o de miembros de tu sistema familiar: enfermedad, rupturas, pérdidas, etc.
- Cuando no te permites reconocer, clarificar, comunicar el inicio del ciclo y su propósito, roles, responsabilidades, expectativas.

¿Cuántos matrimonios, empresas, sociedades, amistades terminan en el caos y la ruptura por no permitirse transitar conscientemente este rumbo?

Si te identificas con estas ideas, quizá estás viviendo el rol de "repetidor" de patrones heredados de tu sistema familiar y de los sistemas en los que te desenvuelves. Es entonces momento de iluminar el lado ciego de tu consciencia, realiza una reflexión sobre tus diversos ciclos: cuáles son las creencias y emociones desde las que experimentaste tu niñez, juventud, adultez, desde qué creencias y emociones elegiste tu profesión, tu matrimonio, paternidad/maternidad o cualquier decisión que haya marcado tu vida. Identifica cuándo se bloqueó el crecimiento de tus alas y emprende la búsqueda de una nueva visión y la renovación de tus ideales. Es así como estaremos listos para transitar con los pies ligeros hacia el Rumbo Sur: El estado de consciencia de la cosecha.

II) La Rueda de la Medicina

El Rumbo Sur

"Kórima muniki, kórima shunuku:

Comparte conmigo un poco de frijol, un poco de maíz".[17]

¿Eres capaz de compartir tu cosecha?

El *rarámuri* activa la energía del Rumbo Sur cuando corresponde cosechar, cuando las artesanías están listas para ser ofrecidas a los turistas, cuando estrenan sus nuevos atuendos y **cuando comparten sus bienes con su comunidad.**

---

[17] *"Korima muniki, korima shunuku"* (comparte conmigo un poco de frijol, un poco de maíz), –escribe

de su experiencia en la Sierra Tarahumara Santiago Tejedor. El idioma español no tiene una palabra para describir este concepto de solidaridad con la que los *rarámuri* garantizan la supervivencia de su comunidad. No genera deuda, ni obligación entre donante o receptor, por eso también pedirla no implica vergüenza o humillación. https://d.elhorizonte.mx/opinion/editorial/korima/2285888

En un viaje a Chihuahua, reconocí la consciencia del Rumbo Sur y el espíritu *rarámuri*, cuando me disponía descender a las cascadas de *Cusárare*, sola, audaz e ignorante del reto. Ana Lucía, una niña tarahumara de 11 años, me eligió a lo lejos y silenciosamente caminó detrás de mi, observando mis torpes movimientos. "Lo peor que puede pasar es que me caiga y me moje", pensaba, cuando ella se hizo presente, extendió su mano y me indicó el camino para no caerme. Nunca interrumpió mi trayecto, hasta que vio que necesitaba su ayuda. Le pedí que me guiara hasta la cascada, para tocar mi caracol y entonar un canto de unidad: *HeYaMaYo*. Silenciosamente me dirigió hasta una cueva que se encontraba atrás de la cascada, cuando se unió a mi Perla, otra viajera de esta experiencia. Le dije a Ana Lucía que le agradecía mucho, que le podía retribuir su ayuda si deseaba volver con su mamá, pero ella decidió quedarse y en silencio escuchó el canto que entonamos Perla y yo.

Nos guio para volver, en esta ocasión en ascenso, se desplazaba con envidiable agilidad y esperaba paciente a que recuperáramos el aliento. Cuando llegamos al sendero en el que se ofrecen las artesanías, le pregunté que cuánto le debía por su servicio y dijo que su mamá me lo diría. Cuando encontramos a su mamá, le agradecimos su apoyo y le comentamos el servicio que Ana Lucía nos había proporcionado, ella se alegró e incluso percibí que se sorprendió. Le preguntamos: "¿cuánto le debemos?" Y nos contestó: "Nada". Perla y yo no estuvimos de acuerdo y cada una le ofreció una retribución acorde a nuestra gratitud, misma que su madre le entregó directamente a Ana Lucía. Su cara se llenó de alegría. En ese momento, se encontraba en el Rumbo Sur, cosechando con gratitud el resultado de un servicio realizado con impecabilidad. Una parte de mi intuye que esa fue la primera vez que Ana Lucía se atrevía a acompañar turistas al descenso de la cascada, si así fuera, me alegra mucho que Perla y yo hayamos sido las madrinas y me regocijo de haber podido interactuar tan directamente con la magia del espíritu de la etnia *rarámuri*: respetar la experiencia, observar, ofrecer servicio cuando observamos que es necesario y hacerlo con impecabilidad.

Madre María Félix cosechó cuando consolidó el primer grupo de curanderas y volvió a Chihuahua para presentarlos con los miembros de la etnia; cuando atrajo personas que se comprometieron con la construcción de temazcales en Jacona y San Juan de Alima, Michoacán; Comala y El Naranjal en Colima; Tonila y Sayula en Jalisco. Huamantla en Tlaxcala, Capulhuac en el Estado de México y dejó indicaciones para la apertura de uno más en Puebla. Cuando contribuyó con el empoderamiento de cientos de mujeres. Cuando recorrió Ciudad de México, Querétaro, Guanajuato, Toluca, Tlaxcala, Guadalajara, Manzanillo realizando masajes del alma y despertando el interés por la purificación del dolor del alma y cuando encontró a quien eligió escribir sobre su legado.

El Rumbo Sur es el estado de consciencia en el que cosechamos todo aquello que sembramos, en el que se abren las puertas de la manifestación consciente. Es el rumbo que representa al medio día, al verano y a los ciclos lunares; se encuentra asociado al **lóbulo frontal de nuestro cerebro.**

Miguel Ángel Buonarroti nos dejó un legado de sabiduría invaluable en la bóveda de la Capilla Sixtina, en la pintura de la Creación. Aquella nube en la que se encuentra Dios tratando de tocar el dedo de Adán, es precisamente un cerebro humano y el lugar a través del cual Dios transfiere a Adán su poder creativo, es el lóbulo frontal. Dicen las enseñanzas metafísicas que todo aquello que coloques en tu lóbulo frontal será manifestado, pues ahí reside la cualidad que nos hace semejantes al Creador, en el aspecto de ser "creadores" de realidades. Alguna vez me pregunté: ¿por qué ocurre todo aquello que no queremos y lo que sí queremos normalmente demora o no se manifiesta? Pues aquí está una posible respuesta: Por que el pensamiento que se sostenga en el lóbulo frontal o sea en el foco de tu atención es aquello a lo que le estás dando vida, para su manifestación física.

a) El Rumbo del Sur como un estado de consciencia.

Iniciamos el tránsito del Rumbo Sur cuando nos logramos sincronizar con el ritmo de la Tierra, cuando accedemos nuestra inteligencia afectiva, creativa e intuitiva: la vocación, el servicio y el gozo de vivir en el aquí y en el ahora.

Cuando logramos alinearnos con los ciclos de la creación y damos a luz a un hijo o cuando obtienes los resultados de un proyecto, cuando obtuviste un ascenso en tu trabajo, un incremento de tu sueldo, cuando recuperaste la salud. En resumen, cuando te estás haciendo cargo de reconocer, sostener y hacer crecer todo aquello que sembraste.

Las experiencias que acompañan el tránsito del Rumbo Sur tienen que ver con la fe, esperanza y alegría. Las constantes manifestaciones de lo que algún día anhelamos nos permiten contemplar cómo operan los milagros en la vida.

Este estado de consciencia nos invita a reconocer los ciclos de la Tierra y el Universo. Si bien, nada limita nuestro poder creativo, nuestra vida puede ser más fluida si en vez de ir en contra de la corriente, nos permitimos fluir con la energía universal. Al igual que los libros sagrados, la energía del Rumbo Sur nos recuerdan que *hay un tiempo para cada cosa.*

Transitar el estado de consciencia del Rumbo Sur también tiene que ver con identificar tu propio ritmo personal, en qué hora del día tienes más energía, más creatividad, en qué momento necesitas hacer pausas y descansar. Especialmente en las mujeres, durante el transcurso del mes, es muy importante ser conscientes de los cambios energéticos y físicos, pues de lo contrario viviremos en un ciclo de permanente esfuerzo, hasta llegar al punto de rechazar nuestra experiencia. Esta consciencia nos permite también ser respetuosos de los ritmos ajenos, tanto en el accionar de la vida cotidiana, como en el aprendizaje. Cada uno tiene su ritmo y su momento.

La consciencia de cómo es la calidad de nuestras relaciones, comienza por mejorar la relación con nosotros mismos. Sabes que estás transitando este rumbo, cuando al cosechar lo que sembraste te das tiempo de contemplar la vida y su belleza, cuando comienzas a disfrutar el viaje al máximo y, por lo tanto, nos volvemos imanes de la abundancia. Es así como opera el Elemento Tierra, cuya energía hace brotar las maravillas de la creación y nos permite disfrutar de las flores y los frutos.

b) ¿Cuáles son las señales para reconocer que no estás transitando de forma armónica este estado de consciencia?

- Cuando no te estás haciendo cargo de todo aquello que sembraste: Hijos, proyectos, negocios, plantas, páginas de redes sociales. Es el equivalente a sembrar una semilla, para después dejarla morir.
- Cuando sentimos culpabilidad por lograr lo que nuestros seres amados no se han permitido hacer y eso nos impide florecer.
- Cuando nuestras antiguas creencias nos impiden reconocer nuestros logros y celebrar nuestras manifestaciones. Cuando todo lo que produzco

está impregnado de la creencia de ser insuficiente, para mi o para mi entorno.

- Cuando nuestros logros y nuestra felicidad se convierten en nuestra burbuja y esto nos aleja de nuestro entorno.
- Cuando nos volvemos inconscientes de nuestros ciclos y no nos permitimos descansar; cuando permitimos que nuestras manifestaciones se conviertan en rutinas y nuestras relaciones se vuelvan tóxicas.
- Cuando las actividades nos impiden voltear a ver los temores que van surgiendo en el espiral de nuestra consciencia y comenzamos a proyectarlos en otras personas, manifestando conflictos.
- Cuando nos tomamos la vida con demasiada seriedad.
- Cuando nos dejamos llevar por la codicia o la ambición y no deseamos compartir lo que hemos logrado o aprendido.

Entonces te invito a evocar al Ángel de la Tierra, para la expansión de tus fronteras y límites, para evitar perder piso, así como al espíritu de los animales de poder que son guardianes del Rumbo Sur: El lobo, el ciervo, el salmón, el coyote. El espíritu del lobo te invitará a compartir tu conocimiento y experiencia, esto te permitirá activar o dar vida a todo lo sembrado o te abrirá las puertas de nuevas experiencias y oportunidades de expansión. El ciervo te invitará a reconocer que los conflictos se pueden resolver con gentileza de espíritu, a aceptar y amar a todas las personas como son y a usar el amor y la gentileza contigo, para superar cualquier culpa o temor. El espíritu del salmón te permitirá reconocer la oportunidad de aprendizaje y sabiduría inmersas en cualquier situación de la vida, por desafiante y dolorosa que parezca; te invitará a reconocer la lección que necesitas aprender ante todo nuevo reto, con el propósito de avanzar. La energía del salmón te permitirá cuestionar si verdaderamente has tomado el liderazgo de tu vida o te encuentras replicando los mismos condicionamientos de siempre, si tu propósito es la aprobación externa o si te estás estancando en la terquedad. A veces será necesario volver hacia atrás, aún cuando esto signifique ir contracorriente para identificar en qué punto del camino perdimos el propósito. Por su parte, el coyote te invitará a usar el humor sagrado, a reírte de tus saboteos y dramas emocionales, a disfrutar de la experiencia. Así potenciarás tu cosecha. [18]

Y para acceder a un nuevo ciclo en la espiral de la consciencia será necesario propiciar el tránsito por el Rumbo Oeste. Un rumbo al que podremos acceder por curiosidad, entusiasmo y disciplina o cuando el alma considera que ya corresponde transitarlo.

---

[18] Sams, Jamie y Carson, David. Las cartas de la medicina. Editorial Sirio. Málaga España 2016.

III) La Rueda de la Medicina
El Rumbo Oeste

¡Tata! ¿Por qué se han secado nuestros ríos?

El Tata Tarahumar responde: *Porque la humanidad ha olvidado cómo*

hacer fluir sus emociones.

Como es arriba es abajo y como es adentro es afuera.

El Rumbo del Oeste representa el otoño y el atardecer; la etapa en la que corresponde que bajemos el ritmo, al igual que los árboles cuando comienzan a desprenderse de sus hojas. En el Rumbo Oeste nos permitamos dejar ir todo aquello que ya cumplió su ciclo en nuestra experiencia. Es el momento en el que los *rarámuri* eligen realizar el Temazcal, para ver de frente a su sombra, volver al vientre de la Gran Madre Terrenal, morir y renacer. Cuando eligen reprogramar las memorias traumáticas en gestación y parto en el río, para dejarlas ir por la poderosa corriente; cuando eligen masajear sus pies en canastos llenos de semillas de maíz o frijol, una técnica de reflexología sumamente poderosa.

En nuestro cerebro, el Rumbo Oeste está asociado al **hemisferio derecho**, el que gestiona las funciones artísticas, emocionales, la empatía y la intuición.

En nuestra sociedad, pocas personas eligen visitar el estado de consciencia del Rumbo Oeste por convicción, disciplina y curiosidad. Prácticamente la mayoría de las personas accedemos cuando enfrentamos una enfermedad, una pérdida material o de un ser querido, la carencia, un gran conflicto, adicciones y desequilibrios en general. Es el momento en el que nos permitimos iluminar el lado ciego de nuestra consciencia.

Madre María Félix tuvo muy claro este cambio de ciclo en su vida, cuando reconoció que era tiempo de compartir la autoridad, la responsabilidad y la cosecha. El 29 de marzo de 2018 sorprendió a toda la comunidad que ella guiaba, entregando el báculo y cediendo su lugar como guía a Martha G. Gutiérrez García en el último viaje físico que realizó a las Barrancas del Cobre.

Seis meses después, los miembros de toda esta comunidad nos fuimos directo y sin escalas al tránsito del Rumbo Oeste, el 20 de septiembre de 2018, cuando después de un viaje de servicio su corazón eligió ser un puente entre el mundo material y espiritual, deteniéndose. Sincrónicamente, iniciaba el otoño en el hemisferio norte. Todos sentimos el viento que impulsaba el paso de un alma tan fuerte y generosa hacia el otro plano, abriendo en todos nosotros las memorias de orfandad, nuestras creencias de *"no saber", "no poder" y "de sentirnos perdidos"*. Yo me había quedado con la promesa de entrevistarla a profundidad, para poder escribir este libro y en vez de recibir su experiencia tuve que enfrentar el duelo; fue momento de ir al Temazcal, de ver de frente la turbulencia emocional, de pedir asistencia de otros planos y de permitirnos llorar.

Parece obvio que el tránsito del Rumbo Oeste es parte del ciclo natural de la vida. Sin embargo, existen personas que viven anestesiadas e inconscientes del dolor del que son portadoras. ¿Acaso tu alma no te ha pedido liberación de cargas y depuración? ¿Cuánto llanto contenido te has llevado a tu vida cotidiana y lo has ahogado en la indiferencia de tu rutina? ¿No te resultaría un regalo invaluable entregarte a la magia de un atardecer dorado de otoño para contemplar a los árboles desprenderse de todo aquello que ya cumplió su ciclo? Al igual que las hojas que deja caer un árbol, la energía de la que nos desprendemos, las emociones que dejamos ir, tienen como propósito permitir que florezcan nuevas experiencias.

a) El Rumbo Oeste como un estado de consciencia

Este es precisamente el rumbo que guarda las claves para transitar nuestra vida con los **Pies Ligeros**. Seguramente nuestro balance de vida y nuestra salud serían diferentes si en algún momento del día nos permitiéramos hacer una pausa, reflexionar, identificar nuestro estado emocional, analizar si es necesario establecer algún límite, propiciar un cambio, cerrar algún ciclo, depurar nuestro organismo, purificar nuestras aguas emocionales.

Este es el rumbo en el que se toma consciencia sobre los grandes retos del Sistema Familiar, aquí se reconocen los duelos no liberados, los conflictos no resueltos, el dolor de las personas que fueron tratadas injustamente, a los bebés que no lograron nacer y que fueron olvidados, a las mujeres que fallecieron en el momento del parto y reflexionar de qué manera estos acontecimientos influyen en nuestro presente. Aquí se reconocen el dolor, la discordia, las enfermedades y carencias que han sido la savia del sistema familiar y que en un momento reflejan su impacto en nuestras vidas. ¿Para qué hacemos esto? Porque todas estas estas situaciones se manifiestan en nuestra vida cuando replicamos carencias, cuando se nos cierran las puertas, cuando tenemos pérdidas, cuando nuestros proyectos no se manifiestan, porque nuestro inconsciente es un repetidor de esas experiencias -en un círculo distinto de la espiral-, sin embargo, su origen es el mismo.

Por lo tanto, si somos portadores de memorias de dolor, esclavitud, abuso, pérdida, seremos vulnerables a replicarlas por el poder magnético de nuestras emociones.

Al igual que en la medicina, la misma enfermedad contiene los elementos de la curación, es en este rumbo en la que tenemos la oportunidad de transformar el plomo en oro, liberar el espacio energético para potenciar nuestros dones. Viviremos experiencias similares de nuestro pasado y de nuestros ancestros, para tener la oportunidad de honrar la historia, **dejar ir** y elegir una nueva experiencia.

b) ¿Cuáles son las señales para reconocer que no estás transitando de forma armónica este Rumbo?

- Cuando se nos vuelve costumbre vivir en estados de sufrimiento, cansancio, caos, por la creencia de que así es la vida y que tendremos una recompensa por ello.
- Cuando nos negamos a voltear a ver nuestra sombra, nuestro pasado y la historia de nuestros ancestros, aunque cabe mencionar que no es necesario conocerla para re-significarla, agradecerla, honrarla y permitir que actúe a nuestro favor.

- Cuando consideramos que pedir ayuda para resolver este tipo de situaciones es signo de debilidad.
- Cuando elegimos evadir el dolor a través de todos los recursos con los que hoy esta sociedad cuenta para tal propósito: redes sociales, entretenimiento, cosas materiales, actividades sociales, trabajo, sexo, comida, sustancias, compras, entre otros.
- Cuando hemos vivido la intensidad de los ciclos creativos del Rumbo Sur y no nos permitimos parar; cuando el cuerpo nos pide descanso y lo negamos.
- Cuando ignoramos que nos encontramos en procesos post-parto, ya sea de hijos biológicos o creativos o en un proceso de duelo. Por ejemplo: al concluir una carrera, diplomado, certificación convendría una pausa y una visita este rumbo. Cuando en vez de descansar, procesar el conocimiento, la experiencia o el duelo, nos evadimos iniciando nuevos ciclos.

En este rumbo se te sugiere evocar al Ángel del Agua el que nos ayuda a limpiar nuestras memorias emocionales, pues ahí es en donde se encuentra la mayor carga a purificar, lo que nos lleva a tomar decisiones que nos producen sufrimiento, replicar experiencias dolorosas y afectan la apertura armónica de nuevos ciclos.

Visitar el Rumbo Oeste significa ingresar a las aguas de nuestra consciencia, el lugar en donde las soluciones y las respuestas viven en armonía con las preguntas que ocupan nuestra atención. Disponernos a ordenar el entorno, a ayunar, tanto de alimentos como de pensamientos y sentimientos. Realizar depuraciones del cuerpo físico, del aparato digestivo, purificar hasta el punto de que todo aquello que salga de nuestro cuerpo, sea tan solo agua.

Así también se trata de bañarnos en la fuente de la vida eterna, depurando nuestros vínculos y relaciones, los que nos muestran las grandes maestrías que se manifiestan en nuestro presente.

En este estado de consciencia es conveniente evocar al espíritu de la Osa, cuya mayor medicina es la introspección, la búsqueda de la miel, la dulzura de la verdad, dentro del hueco de un viejo árbol, una caverna (útero), la caverna de Brahama (la glándula pineal, lugar en el que habita el ADN ancestral), [19] el Temazcal, la cueva del *rarámuri*, para practicar el arte de la introspección y la muerte del viejo yo.

De hecho, desde tiempo inmemorial, el símbolo de la cueva o caverna está asociado a la regeneración física y espiritual, a la resurrección. Siempre se ha reconocido que los sabios eligen vivir en cavernas pues esos espacios facilitan la conexión con las deidades y los flujos de agua al interior de la Tierra. "La interpretación cristiana de la cueva aparece tempranamente vinculada al nacimiento del Mesías y a la identificación de la Virgen Madre de Dios con la tierra fértil, y del útero de ésta precisamente con la cueva. La Resurrección de Cristo tampoco escapa al simbolismo de la cueva como lugar de regeneración, idea que aparece ampliamente representada en la iconografía."[20]

---

[19] Sams, Jamie y Carson, David. Las cartas de la medicina. Editorial Sirio. Málaga España 2016.

[20] Molina Gómez, J. A. (1). La cueva y su interpretación en el cristianismo primitivo. *Antigüedad Y Cristianismo*, (23), 861-880.

Las herramientas más poderosas de la sabiduría *rarámuri* nos invitarán a visitar este rumbo, a través de la reprogramación de las memorias del nacimiento en el agua, el Temazcal y el Masaje del Alma, un encuentro frontal y sin escalas con los dolores más arraigados en nuestra consciencia, sin embargo, de un altísimo nivel de poder y efectividad, para transformar el dolor en sabiduría, para poder ingresar al Tipi de los Sueños en el Rumbo Norte.

IV) La Rueda de la Medicina

El Rumbo Norte

El hombre, el animal, las plantas y la tierra beben agua.

Si hay agua en la tierra, la hay también arriba de ella,

porque ha subido ayudada por el aire[21].

Este rumbo sagrado está asociado al anochecer, al invierno y al elemento aire. Es el lugar en el que reside la sabiduría de los grandes espíritus que habitaron este planeta, incluyendo a nuestros ancestros, el gran vacío, el silencio. Así como heredamos sus carencias, también heredamos sus dones; sin embargo, será difícil recibirlos si no nos permitimos limpiar el camino en el Rumbo Oeste.

Los *rarámuri* son habitantes expertos del Rumbo Norte, pues mantienen una claridad permanente de quiénes son, de dónde vienen y a dónde van. Su vida entera está impregnada de la vocación de agradecer y honrar la sabiduría ancestral, así como perpetuarla.

---

[21] Fundación Tarahumara-José A. Llaguno.Tarahumara: El mundo de Pepe Llaguno. Fundación Tarahumara. USA 1994. Apartado: El baile de la vida y de la muerte.

El Rumbo Norte es la fuente que te conecta con tus dones y el propósito de tu vida. Es el rumbo de la renovación, a partir del gran silencio. Cuando necesitemos inspiración, ideas, un nuevo norte es muy conveniente evocar este estado de consciencia, pues nos predispone a recibir y activar en nosotros los dones y cualidades que experimentaron nuestros ancestros, para usarlos en nuestro presente. El Rumbo Norte es el estado de consciencia que nos invita a escuchar la voz del maestro interno y reconocer de dónde vienen todas nuestras respuestas.

Cuando los sabios, el Tata Juan y la Nana Mariquita, que compartieron las enseñanzas de la sanación del alma con Madre María Félix pasaron por el cambio llamado muerte, después de transitar el duelo en el rumbo oeste y sanar sus emociones, fue necesario que ella activara este estado de consciencia y desde el silencio, permitir que su ser superior desplegara la forma en la que se transmitiría el conocimiento en su entorno inmediato y posteriormente en otros lugares del país.

Hoy, para nosotros, El Tata Juan, la Nana Mariquita, Madre María Félix y todos los sanadores *rarámuri* habitan el Rumbo Norte. Su sabiduría es convocada en cada masaje, temazcal, ritual, celebración y en la escritura de estas páginas.

En mi experiencia, para poder escribir este libro, sincrónicamente me dispuse a realizar un viaje externo al Norte de México, a la Sierra Tarahumara e interno a los confines de mi alma, para desplegar, comprender y atraer aquello que correspondía compartir. Me permití guardar silencio las más de 30 horas de viaje de ida y después de vuelta para acceder a la voz de mi maestro interno y entonces se abrieron las puertas de la inspiración. Puede ser que muchas personas de mi entorno no estén de acuerdo con lo que comparto en estas páginas, quizá no cumpla su expectativa o desafíe sus creencias; sin embargo, me queda la paz de haberme alineado a la sabiduría de mi voz interna y esto me permite continuar con la activación de los demás estados de consciencia de la Rueda de la Medicina.

a) El Rumbo Norte como estado de consciencia

Activamos la energía del Rumbo Norte, cuando los retos de la vida nos invitan a ejercer nuestros dones; reconocer el conocimiento y talento que tenemos, aunque no sepamos claramente cómo lo obtuvimos o es cuando nos damos a la tarea de fortalecerlos y refinarlos, a través de nuevos aprendizajes. En este rumbo reconocemos que no somos seres aislados y que la herencia que hemos recibido de nuestros ancestros va más allá de lo genético o material, también heredamos los dones y la sabiduría que ellos aportaron con su experiencia. Es el estado de consciencia en el que dejamos de guiarnos por las expectativas del entorno, estructuras convencionales y nos abrimos a escuchar la voz del corazón, la vocación, lo que deseamos experimentar, la definición de nuestro propósito.

b) ¿Cuáles son las señales para reconocer que no estás transitando de forma armónica este estado de consciencia?

- Cuando nos negamos a reconocer nuestros dones, usarlos para nuestro propio crecimiento o el del entorno, en ocasiones será necesario atraernos a algún maestro con apariencia de "enemigo o traidor" o una crisis, que nos preste el servicio de activarlos. Una amiga cercana sabía que tenía el don de la intuición y la clarividencia, sin embargo, se negaba a usarlos. En una ocasión, secuestraron a uno de sus seres queridos y logró llegar al lugar en el que lo tenían, caminando y sólo siguiendo las señales de su voz interna, afortunadamente propiciar lo necesario para el rescate. Estas son las claras activaciones del Rumbo Norte, a partir de una situación crítica.

- La arrogancia espiritual: olvidar agradecer de dónde viene el conocimiento y el lugar que ocupamos en el universo. Arrogancia es no reconocer el esfuerzo que tuvieron que hacer las generaciones anteriores a nosotros, para disfrutar de este momento. Nuestros dones se manifestarán con más poder si los recibimos desde la humildad y el reconocimiento de nuestro lugar, tanto en nuestro sistema familiar como en el Universo.
- Cuando usamos el conocimiento para humillar o menospreciar a otros; cuando peleamos con los "enemigos", que en realidad nos están prestando el servicio de activar nuestra voluntad para llegar más lejos en nuestro camino.

- Cuando vivimos las costumbres por inercia y no asumimos el liderazgo de nuestro propósito o cuando nos permitimos vivir por años, sin clarificarlo.
- Cuando pretendemos ser el centro de atención del conocimiento y nos nombramos maestros o discípulos de otros, desde una postura de arrogancia, pues sentirse inferior a alguien, también es arrogancia.

Entonces será necesario renovar nuestro cuerpo mental, revisar nuestra estructura de creencias, activar nuevos conocimientos para fortalecer nuestros talentos. El Rumbo Norte está asociado al aprendizaje y la renovación y es el estado de consciencia en el que podemos convocar al Ángel del Aire, para liberar a nuestra alma de la fetidez de la ignorancia de creernos seres aislados, de los paradigmas del *"no saber, no poder, no tener, no deber"*, así como de la ingratitud a la sabiduría de tantos espíritus que con su experiencia contribuyeron con nuestra evolución; las viejas estructuras que nos llevan a compararnos, a juzgarnos o a someternos. Es el rumbo en el que respiramos profundo a través del Aire de la Madre Tierra para alcanzar la sabiduría del Padre Celestial.

Para transitar este estado de consciencia y avanzar en tu evolución te ayudará evocar la energía de los animales de poder del Rumbo Norte, como por ejemplo el búfalo. El espíritu de este animal te invitará a reconocer lo sagrado de cada camino, en cada cultura, en cada perspectiva de la vida, aunque sea distinto al tuyo. Honrar el camino del otro, aunque esto te traiga tristeza o disgusto es parte de la vivencia de la ley de la Unidad. Este puede ser un momento de reconexión con el sentido de la vida y el valor de la paz. El reconocimiento de esto te brindará serenidad en los momentos de caos, si te enfocas en alcanzar la iluminación y te permites agradecer tus dones. La sabiduría del búfalo te invita a reconocer que no lograrás nada, desconectado de la Sabiduría Eterna del Gran Espíritu, en la que además habita la fuerza de la vida que proviene de tus ancestros, **pues esa fuerza no sólo te pertenece, sino que eres ella.**

El espíritu del Búfalo te enseña que es a través de la

gratitud, que recibirás ayuda, protección e inspiración de los diversos planos de consciencia.[22]

Estos cuatro Rumbos Sagrados son una etapa crucial de la experiencia humana, para vivir en equilibrio. Puedes ser consciente de su energía en cada cambio de estación, en cada ciclo lunar, cada semana e incluso cada día. Usar este modelo ancestral nos permitirá vivir con más fluidez, usar nuestro cerebro de forma integral y despertar así la verdadera inteligencia.

Desarrolla tu consciencia y mueve tu energía

Cabe aclarar que el contorno que rodea a la Rueda de la Medicina representa la presencia de nuestros ancestros en cada rumbo y su influencia en nuestra experiencia. Los ángeles de la Tierra, el Agua, el Fuego y el Aire influyen en todos los rumbos; sin embargo, los observo con más impacto en el orden que propongo. Otras personas y culturas pueden percibirlo diferente de acuerdo con sus vivencias y es preciso reconocer que todos somos tejedores de la experiencia de este

[22] Sams, Jamie y Carson, David. Las cartas de la medicina. Editorial Sirio. Málaga España 2016..

sagrado símbolo. No hay perspectiva mejor que otra, sino que todas se complementan.

Rumbo	Aprendizajes	Polaridad	Cambio de ciclo
Norte **Invierno** **Noche** **Renovar** **Mente** **Aire**	Descansar en el gran silencio para reconocer tus talentos, definir tu propósito. Abrirte a la posibilidad de activar una nueva vocación o adquirir conocimiento.	Confusión mental, no saber hacia dónde queremos ir. Perder el propósito, perder piso, incurrir en la arrogancia. Negarse a poner los propios dones al servicio de otros.	Aprende algo nuevo o permite que el conocimiento de tu alma se manifieste. Transforma tu propósito en una idea concreta o proyecto. Prepárate para transformar tus talentos en experiencia define fechas y cúmplelas.
Este Primavera	Inicia ciclos, aterrizando tu	Que los proyectos se	Da el primer paso de tus

Amanecer Sembrar Espíritu **Fuego**	propósito en ideas o proyectos concretos.	queden en ideas, que las semillas no germinen, que los bebés no logren nacer.	planes. Enseña, comparte, disfruta el momento, usa el humor sagrado, para ir al Rumbo Sur y cosechar.
Sur **Verano** **Medio día** **Cosechar** **Cuerpo** **Tierra**	Observar los logros, disfrutar de las manifestaciones, nacimientos, etc. Responsabilízate de tu cosecha.	Quedarnos apegados a la experiencia de la manifestación, descuidar los límites, espacios de descanso, desgaste de relaciones.	Comparte lo que sabes, enseña a otros. Contempla y agradece tu cosecha. Diviértete y disfruta la experiencia. Ir al Oeste a cerrar ciclos, liberar, vivir duelos, identificar lo que tenemos qué soltar.

Oeste **Otoño** **Atardecer.** **Liberar** **Emoción** **Agua**	Tomar consciencia de nuestras emociones, duelos, dejar fluir lo que nos duele, liberar. Depurar, ayunar, ordenar, dejar ir.	Volvernos adictos al sufrimiento, quedarnos en ese estado de consciencia pensando que así es la vida.	Pasar al Norte, alinearnos a la energía del Gran Espíritu, Energía Divina, al gran silencio, tomar consciencia de nuestros dones, de nuevos aprendizajes que se despliegan para nosotros, definir o fortalecer nuestro propósito.

Alguna vez me pregunté por qué en el Ritual de los Siete Rumbos, no se iniciaba convocando al Reino del Padre Celestial. Hoy puedo comprender el orden de este ritual, como una clave de evolución, como rezan algunos cantos medicina: "Para poder llegar a Dios es necesario aprender a ser humano". Aprender a ser humano significa ser consciente de los ciclos de los primeros cuatro rumbos, cómo operan en la naturaleza, cómo activan cambios en el plano físico, pero también en nuestra consciencia; me resultan una poderosa clave para aprender a vivir despiertos en el Reino de la Madre Terrenal, con la asistencia de sus Ángeles: Tierra, el Agua, el Fuego y el Aire. Así como en cada estación todo se renueva, nosotros también podemos aplicar las claves de esta sabiduría para propiciar el avance y renovación en nuestras vidas. Hoy comprendo lo que tiene que ocurrir, para podernos relacionar con el Reino del Padre Celestial, más allá de nuestras carencias, dogmas y apegos.

V) Rumbo Sagrado: El Arriba

Una vez que aprendimos a transitar de forma armónica con la energía de los Cuatro Rumbos, podemos vincularnos desde la madurez, la humildad y libres de todo condicionamiento, con el Reino del Padre Celestial y sus legiones: El Arriba, el cielo, el cosmos, la Fuente de Creación Superior, el Gran Sol Central que le da origen al Universo.

El vínculo con El Arriba, nos permite honrar y reconocer nuestras raíces estelares y la consciencia de eternidad, la inmensidad y los planetas, así como el impacto que esta dimensión tiene en nuestra vida cotidiana. Reconocemos nuestra añoranza por la dimensión en la que todo vive en el eterno presente.

Esta consciencia nos permite honrar y respetar los sagrados puntos de vista de todas las tradiciones espirituales que conforman el gran caleidoscopio de la consciencia en este plano. Desde la humildad, reconocemos nuestra autoridad espiritual, como hijos legítimos del Creador del Universo y que estamos hechos a su imagen y semejanza. Por lo tanto, somos conscientes de que somos creadores en nuestro mundo, a través del pensamiento, la emoción, la palabra y la acción.

Los sabios de la etnia tarahumara dedican su existencia al servicio de todo aquello que es invisible al ojo físico. Como lo mencioné al inicio del libro, sus danzas, atuendos, prácticas y creaciones artesanales son tan sólo el pretexto para contribuir con el Reino del Padre Celestial en el sostenimiento del equilibrio de la energía de los trópicos, en el colorido tapiz de la Creación.

Nuestro vínculo con el Rumbo El Arriba puede encontrarse débil o deteriorado, cuando proyectamos en Dios características humanas: venganza, celos, furia; pretender imponer a otros las creencias o aplicar preceptos morales sin consciencia ética: matar, juzgar, excluir, arrebatar, mentir con la idea de estar sirviendo al Creador del Universo, en el cumplimiento de su voluntad o sometiéndonos con el mismo propósito, cediendo nuestro poder personal.

Será necesario entonces, sanar nuestros vínculos familiares, especialmente el vínculo con nuestro padre biológico, así como ser conscientes del sistema emocional y de creencias que heredamos a través de él, pues esto determinará la manera en la que asumimos o no, la responsabilidad por nuestras vidas. Sin duda, este proceso terapéutico nos permitirá tener una relación más armónica con toda autoridad, incrementará nuestra predisposición a la responsabilidad por nuestra experiencia, fortalecerá nuestra determinación para lograr los objetivos que nos hemos propuesto; nos facilitará la delimitación y expansión de nuestros límites, nos abrirá el camino a la autorrealización. Entonces seremos capaces de reconocer que somos portadores de la energía divina y testigos de dicha divinidad en todo lo que tiene vida. Entonces nos estaremos relacionando de forma armónica con el Creador del Universo.

VI) El Rumbo Sagrado: El Abajo

Lo transitamos cuando somos conscientes de que somos semillas estelares, viajeros del tiempo e hijos de la Madre Terrenal como el Ser Cósmico que nos sostiene en el viaje de la evolución. Nuestra conexión con ella se vuelve aún más profunda, la dejamos de ver como un planeta, un espacio físico o un recurso. Nos permitimos acariciarla con cada paso que damos, pidiendo permiso para usar sus dones y recursos, en el recorrido de cada rumbo; restituyendo todo lo que tomamos, siendo conscientes de aprovechar todos sus dones y reconfortándola con las frecuencias de nuestro amor y gratitud. Entonces somos capaces de manifestar nuestros anhelos y crear oportunidades en el mundo tangible y real, pero conscientes del mundo sobrenatural que habita entre nosotros; reconocemos la vida y la consciencia de los árboles, el poder sanador de las plantas, la sabiduría de las rocas y cuarzos, la generosidad y amor incondicional del reino animal. Alineamos nuestra frecuencia a la del corazón de la Madre Tierra, dejamos de enfermar, derrapar, tropezar, vivir en una vorágine, así como un *rarámuri* considera que tiene la abundancia ilimitada, viviendo en una cueva y contemplando sus esplendorosas barrancas. Ellos no pueden concebir, cómo hemos logrado la escasez en un planeta de abundancia ilimitada.

Las señales de deterioro de este vínculo se pueden observar en nuestras emociones exacerbadas, en el estrés, la salud y la prosperidad. Existen personas que aún cuando tengan millones en su cuenta bancaria, siguen considerando que no tienen suficiente. Entonces será necesario un recorrido por los primeros cuatro rumbos de la rueda, para activar un proceso terapéutico respecto al vínculo con nuestra madre biológica, así como las creencias y emociones que heredamos de su linaje. Cuando esto ocurre, se activa nuestra capacidad de escuchar, recibir, integrar, colaborar, servir y habitar este planeta desde una nueva consciencia, así como la capacidad de manifestar nuestros objetivos y sueños de manera armónica en el plano material.

VII) El Rumbo Sagrado: El Corazón

Mucho hablamos de lo que significa actuar desde el corazón, pero antes de experimentar la Rueda de la Medicina me costaba comprender cómo lograrlo. Transitar el estado de consciencia del corazón significa vivir en el eterno presente, reconocer que desde el corazón mantenemos el vínculo con todas las fuerzas del Universo, por tal motivo nos volvemos creadores armónicos de la realidad, despertamos la capacidad de auto-sanarnos y auto-realizarnos.

Desde este lugar se vive la victoria del recorrido espiritual que acabamos de hacer; de abrazar nuestra herencia ancestral y transformar las experiencias dolorosas en sabiduría, liberando hasta siete generaciones atrás e impactando en las siete generaciones que vienen delante. Desde este estado de consciencia es que los *rarámuri* practican el Temazcal,

Masaje del Alma y acceden al Gran Laboratorio Cósmico para activar los registros de sanación, respetando el proceso de cada persona y reconociendo que la llamada muerte es tan sólo un cambio, incluso una aliada en la evolución, la gran maestra.

El rumbo del corazón te llevará a incorporar nuevas experiencias al sendero de tu alma, a explorar nuevos territorios, a expandir tus límites a través de nuevos retos y aprendizajes; te invitará a reconocer que la sabiduría de dichas experiencias quedará grabada en tu alma, se convertirá en tu riqueza y la herencia de las generaciones que vienen después de ti.

¿Cómo saber que no estás actuando desde el rumbo sagrado del corazón? Cuando tus decisiones están basadas en el miedo, el enojo, en la necesidad de reconocimiento, aprobación del entorno, el juicio o en la apatía.

¿Deseas tomar las riendas de tu vida, consolidar tus proyectos, evitar enfermedades, adiciones y rupturas? Te invito a experimentar esta sabiduría en tu vida, en tu vocación, actividades cotidianas a reconocer que la creación es un tejido de aspectos visibles e invisibles, a ser un puente entre el plano material y espiritual, contribuyendo con el tejido universal de la Gran Rueda de la Medicina, la pista de despegue para adquirir la visión del águila real.

Deseo que este poderoso símbolo y las reflexiones plasmadas en estas páginas, te permitan observar tus retos desde una perspectiva creativa e integral.

Capítulo 5

El sonido y su poder creativo

Ahora, en esta estación del viaje, me gustaría reflexionar contigo sobre el poder del sonido y su impacto en el campo cuántico, en la modificación de nuestras ondas cerebrales y por lo tanto en la sanación. Todos reconocemos el efecto de la música, del mensaje de una canción, el estado de ánimo que nos provocan las palabras.

Además del poder creador de la palabra y su sonido, las culturas ancestrales utilizan un megáfono energético, cuya frecuencia impacta en diversos planos del Universo.

Al convocar a los Siete Rumbos Sagrados, el sabio *rarámuri* es consciente de la energía que ha puesto en movimiento, la energía de la espiral que transita de Este, a Oeste, de Sur y a Norte, el Arriba, el Abajo y el Corazón. Con cada saludo, decreto, rezo, invocación se permite conectar el Cielo con la Tierra, activando una línea de comunicación directa a través del toque del *Atecocolli* (vocablo náhuatl)[23] o caracol marino.

El caracol marino es una de las piezas más representativas de nuestras culturas ancestrales y su sonido es incluido en todos los rituales. Es una hermosa pieza que un día vivió en el mar y por lo tanto conserva su esencia, misma que se puede escuchar cuando se acerca a nuestro oído. A su vez, al calcificarse contiene en sí las memorias de sabiduría de la Madre Tierra, se trata de un contenedor de los registros. En su interior, se encuentra la configuración de un tubo por el cual fluirá el aliento de quien lo toque, para generar ondas en forma de espiral. En todas las culturas, la espiral es

---

[23] Atecocolli se compone con la integración de cuatro vocablos de la lengua náhuatl que son:

1) Atl, "agua", 2) Tetl, "piedra", 3) Cocojtli, "tubo" y 4) Ollin, "movimiento". Por lo tanto Atecocolli es una palabra que hace referencia a aquello que se formó en el agua y se calcificó tan duramente como la piedra, cuyo interior en espiral crea un tubo que genera el movimiento.

http://www.tlahuilcalli.org/Atecocolli.html

símbolo del vínculo **del hombre en el universo, con Dios;** representa el movimiento de la vida, la decisión de propiciar cambios internos y recorrer el camino a la evolución hasta lograr la ascensión.

El fuego espiritual se manifiesta a través de la intención de quien lo toca, para establecer la unión de las polaridades y lograr una comunicación directa entre el Cielo y la Tierra.

Tierra, agua, aire, fuego y sonido, se trata de algo más que un instrumento alquímico, pues se dice que el sonido es el elemento capaz de viajar a todas las dimensiones del Universo en simultáneo y producir el efecto que se desee.

Así, con el sonido del *atecocolli* el *rarámuri* ofrece su intención para iniciar una ceremonia, abriendo y convocando a todas las fuerzas del Universo y con el toque de caracol cierra y agradece a todas las energías que se hicieron presentes en la ceremonia.

Dicen las leyendas, que con el toque de un caracol, con una intención nacida del fuego sagrado del corazón, liberamos las limitaciones de nuestra consciencia y contribuimos con la liberación del inconsciente colectivo, no sólo en este planeta, sino en todo el Universo.

Madre María Félix nos decía, el hombre logró apresar a la Tierra y transformarla en grandes estructuras rígidas. Logró contener al agua, acumulándola en grandes presas que incluso han desviado el eje de la Tierra, el temor a no tener agua nos ha llevado a vivir en desequilibrio. El hombre logró hacer mal uso del fuego incorporándolo a sus armas de destrucción. Pero el hombre no ha logrado apresar el viento. Nos anclamos al viento, que a través del caracol se transforma en sonido para liberarnos de la limitación y liberar la energía de los elementos que viven en nosotros. La tierra en nuestros huesos y minerales, el agua en nuestra sangre y fluidos, el fuego en nuestra temperatura. A través del aliento de la vida y el sonido del caracol, es posible activar procesos creativos y de sanación de gran poder.

En procesos terapéuticos el sonido del caracol se usa para transmutar la energía que produce una enfermedad, la depresión y el dolor y por supuesto, para liberar su origen, efecto, registro y recuerdo de nuestra memoria celular. Dice la sabiduría ancestral que el sonido del caracol es un impulso para que las almas asciendan un nivel más elevado en la espiral de la consciencia.

Un día alguien me preguntó, ¿por qué con tanta sabiduría, los *rarámuri* no se ayudan a sí mismos? Es buen momento de responder esta pregunta, para todos los que tengan la misma duda. En realidad, ellos no necesitan la ayuda de nadie, sólo requieren el respeto a sus tierras, a sus tradiciones, a su dignidad y a la libertad de vivir como ellos elijan. La tragedia de la Etnia Tarahumara no está en las inclemencias del clima, ni en la escasez de recursos, sino la ignorancia, la inconsciencia y la ambición de algunos miembros de nuestra sociedad: los *chabochis*, que desean enmarcar a todos los seres humanos en el mismo molde, estereotipo, religión y sistema tributario.

Ellos tan sólo necesitan que nosotros despertemos. Que aprendamos a reconocer el valor de la diversidad y a respetar sus decisiones de vida. Ellos no necesitan programas educativos que los lleven a olvidar su esencia. No necesitan técnicas de desarrollo espiritual para lograr la abundancia material. Para ellos la abundancia ilimitada se encuentra en la contemplación de las imponentes barrancas, sus pinos y sus cascadas, sin límites de sofisticadas agendas. Ellos no necesitan acumular bienes, ni tener cuentas bancarias, su vivienda más lujosa es aquella que la Tierra les provee en sus sagradas cavidades obteniendo de ella la frescura, el calor, la inspiración y la protección. Ellos saben recibir el pan de cada día del Padre Celestial y de la Gran Madre Terrenal, a partir de la producción de su propio alimento y sus creaciones artesanales y guiando a los turistas que visitan su paraíso. Para ellos libertad significa no tener apego a nada y correr sin límites, sin cansancio o dolor, por los caminos de la Sierra Madre.

¿Por qué a pesar las vicisitudes de las eras, la Etnia Tarahumara prevalece? Por que diariamente el sabio *tarahumar* hace resonar el caracol, por los confines de la Sierra Madre Occidental, propagando desde la Tierra al Universo el mensaje de **humildad y la libertad**, intentando que esta sabiduría despierte también en el corazón y la consciencia de todos los que habitamos este planeta. **Su siembra ya está germinando.**

¿Y podría el toque de caracol usarse con la intención de afectar a otros? Sin duda, alguna; como toda decisión, palabra, emoción o pensamiento, en este mundo en el que experimentamos la polaridad, nos encontramos en el plano del libre albedrío. Sólo no nos sorprenda reconocer que **la energía siempre vuelve a su origen**, siempre se cosecha lo que se siembra, se trata de una ley universal.

Y bien, ¿cómo se relaciona este conocimiento contigo? Se trata de mucho más que cultura general. ¿Eres consciente de tu luz y tu sonido? El sonido del caracol transmuta la energía, limpia espacios, comunica al Cielo con la Tierra, es un megáfono, un potenciador de la intención humana. ¿Pero eres consciente del poder que tú tienes para hacer lo mismo? ¿Has tomado consciencia de que tus palabras, emociones, pensamientos, acciones también tienen un impacto en todos los planos del Universo, comenzando por tu cuerpo, tu árbol genealógico hacia el pasado y el futuro, así como en tus relaciones presentes? ¿Cuál es el rol que estás eligiendo desempeñar en la evolución del mismo Universo?

¿Quieres aligerar tu carga y andar con PIES LIGEROS? Sencillamente vive, disfruta, contempla la vida, exprésate a través de tu oficio o profesión que ojalá sea tu vocación, así como nos damos baños con agua para purificarnos e hidratarnos; baños de tierra para relajarnos y enraizarnos, también es posible darnos un baño de sonido para purificar las cargas energéticas de nuestros pensamientos y sentimientos.

Reconoce también el poder de tu propio sonido, través de tu diálogo interno y externo, alimenta al campo cuántico de la energía de la paz, la gratitud y la alegría. Párate firme en la Tierra y emite tu sonido al Universo, expresándole Yo Soy, quien Yo Soy, evocando el amor, el poder y la sabiduría, con la potencia y determinación con la que los *rarámuris* tocan el *atecocolli* en las Barrancas del Cobre. Recuerda: Humildad y libertad, son las claves de la expresión armónica

Capítulo 6
La libertad interna
El Temazcal

¿Y para ti qué es la libertad? Para muchas personas significa ir, venir, hacer lo que se desee, aún cuando eso afecte a la propia persona o su entorno. Sin embargo, si identificas que no puedes tomar el mando de tus pensamientos, te observas en conflictos por la defensa de un punto de vista o si aún te observas presa del estrés, el enojo, la ansiedad, la tristeza, violencia es necesario reconocer que estas son claras señales de **esclavitud en el tercer milenio**.

¿De dónde vienen esas memorias? Ya lo he mencionado previamente: De tu árbol genealógico, en multiplicación con tus experiencias. Así como algunas personas activan el mandato genético en los rasgos físicos o de una enfermedad; las experiencias que acabo de mencionar forman parte de tu herencia ontogenética, la herencia del ser.

Es así como de pronto activamos nuestras habilidades lingüísticas, matemáticas, musicales, nuestro sistema de valores y todo aquello que nos permite continuar la vida; sin embargo, hasta que elijamos ser conscientes de que tanto las enfermedades, como las conductas que llevamos a cabo son producto de esta inercia ancestral, es que seremos verdaderamente libres.

Así es como se activan algunas órdenes que limitan nuestra libertad. Mucha gente se siente libre pensadora y pelea fervientemente por la defensa de sus creencias y posturas, pero ya es necesario reconocer que si defendemos una postura es por que estamos negando otra, lo cual –en una perspectiva- nos polariza y vuelve ignorantes; ¿Cómo saber que estamos actuando desde la ignorancia? Cuando juzgamos, criticamos, condenamos y producimos, promovemos o permitimos discusiones y conflictos en algún ámbito de nuestras vidas. Con esto, no estoy insinuando que definir una postura ante la vida y un sistema de creencias sea inadecuado; sin embargo, es necesario hacerlo desde la consciencia de lo que se desea experimentar, respetando la diversidad y libertad de los demás para hacer lo mismo.

Es momento de usar la mente para la función que le corresponde: escuchar, analizar, programar, organizar, seguir métodos, secuencias para actividades intelectuales, artísticas, dialogar, intercambiar puntos de vista. Cuando no se usa la mente para alguna actividad, lo sano sería mantenerla en un estado neutral o de silencio. Esa sería la verdadera libertad mental y lograrlo es una maestría.

Lo mismo ocurre con nuestro cuerpo emocional, es un repetidor de las conductas de nuestros ancestros y del sistema cultural, así como la alegría, la gratitud, el entusiasmo: enfermedad, mentiras, infidelidad, abusos, abortos, abandono, robos, conflictos, carencias, adicciones, violencia, entre otras son producto del sistema emocional de nuestro árbol genealógico y nuestro entorno. No se trata de eximir a nadie de su responsabilidad, sin embargo, una persona que abusa, maltrata, roba, incurre en infidelidad es por que alguno de sus ancestros de siete generaciones previas, también lo hizo. Cuando somos inconscientes de estos patrones de pensamiento y sentimiento, el alma activará el medio por el que sea imposible ignorarlos o desconocerlos, atrayendo a nosotros experiencias que nos permitan superarlos; sin embargo, si aún así elegimos ignorar el aprendizaje o sentirnos víctimas de las circunstancias, entonces el alma producirá experiencias de conflicto, enfermedad física, adicción o carencias materiales.

Si las condiciones en las que nos desenvolvemos resuenan con esta información que habita en nosotros, al igual que una enfermedad genética se activarán. Esto, desde mi punto de vista, es un nivel de condicionamiento y por lo tanto de esclavitud, la carga de la que seguramente todos deseamos liberar, para caminar, correr, andar el sendero de la vida, con los **Pies Ligeros.**

Es buen momento de reconocer que para despertar la consciencia y lograr la libertad, **será necesario desintoxicar el cuerpo emocional y mental de sus condicionamientos**, para evitar enfermar al cuerpo físico. Entonces seremos verdaderamente libres. Desde mi perspectiva, esta es la gran diferencia entre las prácticas de las culturas originarias y la sociedad occidental, que no considera que esto sea necesario.

Las tendencias terapéuticas como la bio-descodificación de la memoria celular y la bio-neuroemoción, ya ponen en palabras lo que la sabiduría ancestral aporta desde hace milenios.

Si no logramos la libertad interna, jamás habrá libertad externa

El Temazcal es sin duda, uno de los métodos más poderosos para desintoxicar, purificar y descodificar las cargas del cuerpo físico, emocional y mental. Una práctica que ha sobrevivido siglos a todo intento de desaparición y desprestigio. Como toda actividad que se lleva a cabo en el plano del libre albedrío, su resultado dependerá de la intención de quien lo realice. Sin embargo, se trata de ese tipo de experiencias que no pueden salir mal, pues esta práctica cuenta con el poder sanador, transmutador y reparador de la Madre Tierra y sus Ángeles, es decir: los cuatro elementos.

Hoy reconocemos que nuestras grandes heridas psíquicas, tienen su mayor influencia en el linaje materno pues los nueve meses que pasamos en el vientre de nuestra madre, nos permitieron absorber la herencia de todo su sistema; por lo que no es trivial que la sabiduría ancestral supiera, que una de las formas más poderosas de sanación de esa herida es a través de la energía generosa, ilimitada e incondicional de la Gran Madre Terrenal.

La sanación de la herida materna

¿Qué es la herida materna? Es la transferencia de creencias, emociones y experiencias que hemos recibido de nuestra madre y abuelas desde nuestra gestación. Una herencia que duele recibir, pero contiene las claves de nuestro poder personal y de la autorrealización.

La construcción de un Temazcal es un poderoso símbolo que representa un espacio suspendido entre el Cielo y la

Tierra, un viaje al microcosmos. El término proviene del *náhuatl*: *tema*, vapor-*calli*, casa. En la perspectiva psicológica, la casa es un símbolo **asociado a la madre.** Por lo tanto, la experiencia del Temazcal es **una regresión al vientre materno.**

El vapor, producto de la infusión de hierbas medicinales, en contacto con las piedras que arden a altísimas temperaturas representa el líquido amniótico que protege al feto y permite un desarrollo apropiado de sus pulmones, para posteriormente recibir el aliento de la vida.

A nivel físico, la experiencia del Temazcal impactará primero en nuestra piel, reconocida como el órgano más extenso de nuestro cuerpo físico; es la que, entre otras funciones, regula nuestra temperatura corporal. **En las comunidades del polo norte y en las tradiciones vikingas, se lleva a cabo una práctica similar que estimula las defensas y permite al cuerpo físico adaptarse a los cambios bruscos de temperatura. Llegó a México hace milenios, donde que se perfeccionó a través del uso de las plantas medicinales.**

La vaporización de la infusión con las piedras calientes produce un alto nivel de sudoración, lo que permitirá expulsar toxinas, especialmente las asociadas al ácido úrico y láctico, favoreciendo músculos y articulaciones. Entre otros beneficios permite quemar grasa, favoreciendo la circulación de la sangre y brindando un merecido descanso a nuestros riñones; activará el hígado, las vías respiratorias, relajará los músculos favoreciendo la liberación del cansancio y el estrés.

Sin embargo, esto es tan sólo a nivel físico. Además de un método de sanación y limpieza ancestral o alternativo como se conoce hoy, el efecto del Temazcal tiene un impacto en la consciencia. Así como tiene esa capacidad de activar los procesos mencionados a nivel físico, lo hace a nivel energético.

El Ángel del Agua, que contiene todos los códigos de purificación desde la creación de la humanidad, produce esta alquimia al entrar en contacto con el poder Sanador del Ángel de la Tierra y del Ángel de Fuego, a través de las altas temperaturas a las que hierben las plantas medicinales y las abuelas piedras, para desprender el poder del Ángel del Aire, a través del vapor producto de la infusión. Cabe mencionar que, en este espacio, las abuelas piedras representan a nuestros ancestros y en este espacio del mágico microcosmos, aportan los mensajes y las enseñanzas que nuestro ser requiere para su sanación.

Para poder ingresar a este espacio dimensional, se necesita humildad, la intención de vivir la experiencia de estar contigo y enfrentar tu sombra, tus tinieblas, tus mayores miedos y dolores para liberarlos, atreverte a morir y renacer; quizá incluso será necesario ingresar de rodillas, sentarse en la tierra o incluso en posición fetal, dependiendo de la estructura del Temazcal.

Algunas ceremonias de Temazcal se realizan con un propósito de reencuentro en una comunidad, para compartir reflexiones y aprendizajes. Los sanadores ancestrales lo usaban como método de curación y prevención de enfermedades. Los grandes guerreros lo practicaban para alinear cuerpo, mente y espíritu para enfrentar las adversidades.

A nivel emocional propicia un estado de paz, lo que incentiva la claridad de pensamiento. Cuando la mente se encuentra en un estado de neutralidad y silencio, permitirá que el cerebro conecte con frecuencias más elevadas de pensamiento, con ideas e inspiraciones, soluciones y las decisiones que provienen del espíritu, de la **dimensión en la que verdaderamente radica la libertad**. Después de esta vivencia estaremos listos para tener nuevas conversaciones, ideas y decisiones armónicas.

En la tradición *rarámuri* que transmitió Madre María Félix, vivimos el Temazcal a través de tres puertas, es decir tres etapas en las que se ingresa y se sale de la casa de piedra; cada puerta representa la purificación nuestros cuerpos: físico, emocional y mental. Si es un Temazcal de sanación, ceremonial o guerrero, lo determinará la cantidad de abuelas piedras que ingresen, pues eso determina qué tanto se elevará la temperatura. Al ingresar, después de Saludar a los Rumbos Sagrados, de realizar cantos e invocaciones, cada participante declara su intención: *Por todas mis relaciones.*

Así comienza el ritual de purificación que permite a los participantes configurar una nueva experiencia, a través de la consciencia Unidad con el Todo, la ley del perdón, la libertad y la paz. Después de cada puerta, cuando es posible corremos al mar o nos damos un buen chapuzón de agua fría, para equilibrar la temperatura del cuerpo, cerrar los poros, representando el acto de poder de renacer a la vida, con valentía, determinación y entusiasmo.

¿Qué mejor oportunidad para transitar conscientemente la energía del Rumbo Oeste? El Temazcal es un método creativo que nos permite dejar ir e incorporar al alma lo que sí nos podemos llevar de esta experiencia, como dicen los sabios: todo lo demás es prestado y temporal. Entonces, ojalá elijas experimentar un momento mágico, imprimir en tu alma la memoria de un encuentro con la esencia de otros seres humanos, la magia de las plantas sagradas, la sabiduría de las abuelas piedras, el poder espiritual del fuego y la libertad del aire. Llévate la contemplación de una noche de estrellas, la sensación del agua fresca, recuérdale a tu alma cómo renacer, vivir y ser libre desde su naturaleza original que es la paz. Recuerda: *el sabio aprende a callar y el maestro a aquietar su mente.* Esta es la verdadera libertad y ojalá que este método ancestral sea una posibilidad para ti de lograrlo.

Capítulo 7

El Masaje del Alma: Dejar ir el dolor

Para todo aquello que más duele en la vida, lo que está mas estancado y lo que nos impide avanzar hacia nuestros sueños, la Etnia Tarahumara aporta una sabiduría poderosa llamada: Masaje del Alma.

¿Qué es el alma? Es el aspecto de nuestra consciencia que abarca los conocimientos, aprendizajes, pensamientos, voluntad, deseos, emociones e intuición que conforman la personalidad de un ser humano. Integra la información del proceso evolutivo de una persona dentro de su árbol genealógico.

Por lo tanto, se trata de la acumulación de dones, habilidades, virtudes, así como de las semillas de evolución que nos corresponde hacer germinar. En ocasiones, esas semillas se manifiestan con un gran dolor. Quizá la creatividad se presente desde la semilla de una adicción; el amor incondicional a través de una traición; la libertad y la responsabilidad incondicional pueden germinar primero como semillas de experiencias de abandono.

Sentirnos víctimas de estas circunstancias, evitarán la transformación de esas semillas, es la antítesis de la consciencia del águila real. ¿Puedes imaginar un águila real arrastrándose por el piso, olvidada que nació para sobrevolar las barrancas? Así de ilógica es la consciencia del victimismo.

Es así como en el transcurso de nuestra vida, nuestra alma nos traerá experiencias que nos permitan hacer consciente ese dolor, para liberarlo y transformarlo en sabiduría.

Por lo general, los aprendizajes iniciarán con la ley del espejo o proyección a través de las personas más cercanas: nuestros padres, hermanos, profesores, amigos, pareja, compañeros de trabajo nos prestarán el servicio de ser nuestros espejos para despertar nuestra consciencia. Seguramente viviremos encuentros, reconoceremos puntos de vista opuestos, entraremos en confrontaciones, quizá propiciemos rupturas. Cuando nos negamos a aprender a partir de nuestros espejos, el dolor del alma tenderá a manifestarse a través de la carencia, la adicción o la enfermedad.

¿Cuántas cosas hacemos para evadir ese dolor? La lista de posibilidades es interminable: nos llenamos de actividades, buscamos pareja, vamos de compras, comemos en exceso, nos perdemos en los contenidos de los medios de comunicación y redes sociales, en videojuegos, encuentros sexuales, chismorreo, apego a situaciones, bienes materiales, relaciones tóxicas y trabajos rutinarios. Todo con tal de no ver y sentir dolor.

Somos quienes somos por todo lo vivido, por nosotros y por nuestros ancestros, por las huellas de las relaciones con otras personas. Somos quienes somos gracias a todas las pérdidas, duelos, renuncias conscientes e inconscientes que dejaron su huella en nuestra alma, esa huella produce sufrimiento y en la mayoría de las ocasiones nos negamos a soltarlas.

Para ejemplificar esto, me permito citar al escritor Jorge Bucay en su cuento:

Soltar lo que una vez nos salvó.

Imagina que vas por una selva, encuentras un río y tienes que seguir por tu camino. No hay puentes, barcos, ni botes. Durante meses te dedicas a construir una balsa para poder cruzar y lo logras. Sientes fascinación por tal logro, que piensas: quizá haya otro río y voy a necesitar esta balsa en una nueva experiencia, debo llevarla conmigo para evitar el trabajo de construir otra. Entonces decido llevarla conmigo a través de la selva, su peso se exacerba, me produce daño, tropiezo con cada rama, es imposible, pero persisto: *"¡No quiero dejar esta balsa! ¡ha sido tan útil para mi!"*. Eso que un día me salvó y lo que representó la posibilidad de seguir, hoy es mi mayor impedimento. Ser adulto significará que soy capaz de hacerlo una vez más, significará dejar atrás todo aquello que no me sirve y apostar a que si me encuentro con otro río, seré más sabio y más hábil para construir una nueva balsa[24].

---

[24] Bucay, Jorge. El camino de las lágrimas. Editorial Océano Express. México, 2011.

El inconveniente es que no siempre sabemos cómo soltar dicha balsa, en ocasiones se nos olvida que la cargamos y hemos anestesiado nuestra consciencia para evitar sentir el dolor de dejarla ir.

El Masaje del Alma de la Etnia Tarahumara es una oportunidad para elaborar los duelos que ni siquiera son conscientes; es la oportunidad de tener un encuentro con el dolor y la oportunidad de liberar las pérdidas y cargas que se han almacenado en lo más profundo del alma.

"Tengo un dolor en el pecho, que no me permite ni siquiera llorar", me comentó un día una amiga, que meses atrás había vivido la pérdida física de un ser amado. Semejante acumulación de dolor, nos impedirá atraer experiencias armónicas o tener la voluntad de iniciar un nuevo ciclo.

La sabiduría *rarámuri* ha resguardado por milenios del conocimiento de cómo desbloquear los duelos no resueltos en nuestro camino y que se almacenan en tanto en las plantas de nuestros pies, como en las pantorrillas: la tristeza del pasado, el dolor del presente y el miedo al futuro. Los resentimientos más difíciles de soltar se albergan en nuestros muslos. Las emociones acumuladas se encuentran en nuestro estómago, afectando los procesos digestivos; los bloqueos que nos impiden amar se acumulan en un espacio cercano al corazón; el miedo y las cargas de la arrogancia se instalan en nuestra espalda, debilitando nuestra voluntad; la energía de las creencias limitantes se instala en nuestra cabeza, las emociones no expresadas dejan su huella en nuestro rostro, la furia de los golpes que quisimos dar, en nuestros brazos.

El masaje se trata de un proceso de cerca de 45 minutos, con lapsos de intensidad y descanso, de mirar de frente al dolor y dejarlo ir. Después de recorrer las memorias de duelo en cada parte de nuestro cuerpo, después de darnos la oportunidad de soltar: queda el encuentro con nosotros mismos, pero con la riqueza de la experiencia y, por lo tanto, la paz.

Así es que si reconoces que no puedes soltar la emoción de la tristeza, el resentimiento, el miedo, la culpa. Si el dolor del alma ya se ha manifestado en tu cuerpo físico a través de una enfermedad o adicción, la sabiduría *rarámuri* te invita a soltar tu balsa, a través del Masaje del Alma y transitar así el sendero de tu vida, **con los Pies Ligeros.**

Capítulo 8
La magia del rebozo

Ahora te pido que vayas en busca de algún rebozo que seguramente tienes en un cajón de tu hogar. Lo coloques en tus hombros, cubras tus brazos y después los extiendas. Obsérvate a contraluz o asómate en el reflejo de un cristal. Seguramente observarás el despliegue de las alas del águila real.

Es así, el rebozo tradicional es mucho más que un adorno. Es un recurso de poder, cuyo propósito es el de despertar en nosotros las memorias de desplegar nuestras alas e ir a la vida, con majestuosidad y elegancia. Así, las mujeres *rarámuri* envuelven a sus hijos en sus alas energéticas, sosteniéndolos cerca de su corazón, volviéndose intocables, invencibles, invisibles e inalcanzables a la energía discordante del entorno.

El acto de sanación más poderoso que recuerdo de Madre María Félix, fue con una querida amiga, que se encontraba en proceso de duelo, debido a que sus padres habían pasado por el *cambio* al que llamamos *muerte*. Si no se liberan las emociones estancadas por un duelo, nos encontraremos vulnerables a caer en depresión y ésta será la puerta por la que desemboquen los dolores y memorias más arraigados del sistema familiar, manifestando enfermedad o carencia. Durante un masaje del alma, Madre María Félix reconoció su sentimiento de orfandad, así que la abrazó con un rebozo desplegando sus alas protectoras, la arrulló y le cantó una canción de cuna, le abrazó el alma, la incentivó a liberar el llanto contenido, produjo la liberación de su duelo y pudo continuar su sendero. Con este acto de poder, contribuyó con la liberación de su alma y de la consciencia de su sistema familiar.

Lo mismo ocurrió con una persona de origen extranjero, quien se encontraba en un *schock* post-traumático, por una experiencia vivida en el fondo del océano mientras buceaba con propósitos de investigación; le habían aplicado todos los tratamientos posibles, sin resultados. Lo sacó de ese estado un arrullo de Madre María Félix con un rebozo y la canción de cuna en idioma español. Sin duda, más allá del idioma, sabía sanar a través del lenguaje del alma.

Estas experiencias nos muestran que las poderosas técnicas de sanación ancestral, tienen poco que ver con la razón y mucho que ver con el poder de la intención que proviene del corazón.

Cada curandera elige el color de su rebozo que combinará con su atuendo, cada color tiene un significado y un propósito. Con un rebozo, amarrado al cuello y a los pies, las curanderas acomodan las vértebras de los viajeros que se han desalineado. Un masaje del alma siempre se realiza con un rebozo amarrado a la cintura, para proteger energéticamente el plexo solar y el útero de quien lo realiza. Cuando se liberan emociones muy dolorosas en un masaje del alma, con el rebozo se evoca el aleteo del águila y el poder del Ángel del Aire para la purificación del lugar. Adornan los espacios de curación y los centros ceremoniales, amarrando los rebozos en forma de moño, lo que representa el poder del útero femenino para dar vida y manifestar bendiciones.

En una ocasión tuvimos un encuentro en una playa y para iniciar el encuentro, las curanderas mayores se acercaron la mar para agitar sus rebozos como señal de saludo, respeto, celebración y gratitud.

Cuando tus hijos se hayan ido de casa, envuélvete en un rebozo y pide la presencia del ser de luz de ellos en tus brazos, envuélvelos en tus alas, como lo hacen las mujeres *rarámuri*, bríndales desde la multi-dimensión el poder protector de tu amor, sin importar su edad o la distancia a la que se encuentren.

Desde esta consciencia te invito a usar tu rebozo, a visitar lugares concurridos envuelta en su elegancia y protección, que te hace invencible e inalcanzable a la energía del entorno, como un elemento que te recuerde que tu mayor protección se encuentra en las emociones de alta frecuencia que eres capaz de sostener; incluso, si no lo traes de manera física, evócalo en su dimensión energética, como tu manto de protección de luz. Brinda el servicio de limpieza energética con la agitación del rebozo en movimiento circular, en tu casa o en el lugar que elijas. Envuelve a tus hijos física o energéticamente en el abrazo protector de tus alas. Abraza a la humanidad entera en tus brazos, activando la energía de tu corazón y transmitiéndola a través del campo cuántico; pero, sobre todo, camina erguida, despliega tus alas y ve hacia la vida con el poder, la elegancia y la consciencia del águila real.

Capítulo 9
Curanderas, Madrinas, Nanas

Alguna vez escuché que las mujeres representamos un rol fundamental en la transmisión de la cultura. Me provocó malestar la posibilidad de que nosotras seamos las responsables del machismo y del dolor que ha causado el desequilibrio de la cultura patriarcal. Hoy comprendo que es posible que así sea, no desde el juicio o la culpa, sino desde la oportunidad de despertar la consciencia y reconocer el poder que una mujer tiene para contribuir con una cultura de equilibrio, armonía, belleza, ética y sustentabilidad.

La etnia *rarámuri* reconoce el poderoso rol que una mujer puede desempeñar en la evolución o el estancamiento de la humanidad. Reconoce que el útero de cada mujer es un vínculo con el útero cósmico a través del cual se transmite la herencia ancestral y la vida. Por tal motivo, si una mujer ha vivido el dolor del desequilibrio del patriarcado, si no es consciente de ellos, lo transmitirá a sus descendientes tan sólo por llevar a sus hijos en el vientre y amamantarlos.

Aún cuando también los hombres pueden formarse como curanderos, los *rarámuri* reconocen que es el momento de superar las experiencias pasadas que sobajaron el rol de la mujer en la sociedad; que juzgaron la capacidad sanadora y la intuición; que etiquetaron de impura la sangre menstrual, los fluidos y olores femeninos; que satanizaron la sagrada energía sexual, que enmarcaron la belleza de la mujer en estereotipos y tacharon de primitiva e incivilizada la relación con la Madre Tierra. Lo han observado a través de la organización de la sociedad occidental, pues ellos, desde hace milenios desarrollan a las mujeres para vivir el rol de líderes y guías de sus comunidades, reconociendo su sabiduría, autoridad y poder.

Es momento de sanar esta herida pues ha marcado a hombres y mujeres y es el origen de los dolores que hoy apremian a la humanidad. El bebé que nazca mientras lees estos párrafos, será portador de esa misma herida psíquica. Hombre o mujer vivirá una lucha interna de paradigmas que le impedirán relacionarse de forma armónica con la energía femenina, la vida, la escucha, la integración, la intuición, la creatividad, la abundancia, la colaboración, la humildad. Hoy es momento de sanar esas heridas, para cambiar el círculo vicioso de las experiencias de siempre.

Hoy corresponde comprometernos a contribuir con la evolución. Por tal motivo, después de miles de años de silencio, eligieron compartir su sabiduría con Madre María Félix para que ella fuera el canal que permitiera la transmisión de este regalo para la sanación del alma de la humanidad y formar curanderas. Hay muchos caminos para lograrlo; esta es la contribución *rarámuri.*

Por lo tanto, una curandera es una mujer que ha elegido dejar de navegar por las aguas del dolor y del victimismo y ha elegido tomar su poder, para enriquecer la experiencia de su linaje.

Todo comienza cuando elige encontrarse de frente con sus carencias, a través de el Masaje del Alma, que le otorgan otro grupo de mujeres-águila que iniciaron antes el camino. Por elección personal, se ha permitido liberar la energía emocional estancada en las plantas de sus pies y pantorrillas. Ha dejado ir la acumulación emocional en su abdomen y ha abierto su corazón. Se ha permitido liberar la energía sexual estancada en su útero, por años y generaciones. Se permite purificar las memorias de dolor, abuso y rechazo hacia ese centro de poder, el puente con el universo, el espacio sagrado que permite la gestación de un ser humano.

Una curandera es una mujer capaz de encontrarse con el poder transmutador de las semillas del maíz y del frijol para activar en enraizamiento con la Madre Tierra, fortalecer su capacidad de vivir desde la confianza y reactivar su capacidad de contribuir con la sanación de otros.

Es capaz de danzarle al Abuelo Fuego, para liberar sus apegos. Elige viajar periódicamente a la consciencia del útero cósmico representado en el Temazcal, para enfrentar permanentemente a su sombra, activar las memorias de la humildad y de la libertad en el seno de la Gran Madre Terrenal.

Una curandera sabe entrar y salir del inframundo, por lo tanto, es capaz de ayudar a otras mujeres a reconocer su luz y su belleza, así como su sombra. Realiza el saludo a los Rumbos Sagrados como ritual de amor y humildad, tanto en las celebraciones como en su vida cotidiana. Practica la danza del águila, para activar la determinación de desplegar sus alas. Ha sanado sus vínculos, especialmente el paterno y materno, lo cual le permite servir sin apegos, codicia o necesidad de reconocimiento.

Es una experta en el manejo de la Rueda de la Medicina y el poder sanador del canto y el sonido de los instrumentos de poder. Participa y dirige peregrinaciones para honrar a la tradición *rarámuri* en Chihuahua y a diversos lugares en los que se represente la energía del Generalísimo Arcángel Miguel, para agradecer su generosa y eterna protección.

Es una sanadora de la energía de lugares que así lo requieren, es experta en el uso de sahumerio. Una curandera es una mujer que se ha permitido superar la consciencia de competencia e individualismo; trabajar para el bien de la comunidad y del bien mayor.

Es un canal para la manifestación de la belleza. Aplica su magia en la cocina y la creación de artesanías.

Por que ha avanzado en su camino de auto-sanación es que es capaz de colaborar con la sanación de otros. Se ha vuelto experta en el uso sanador del reboso, en la sanación con semillas, con la pluma del águila, la espina de maguey, el sonido del caracol, el tambor y las sonajas. Ha desplegado sus alas y es capaz de servir colaborativamente.

Cuando se ha vuelto capaz de inspirar a otras mujeres se vuelve Madrina, cuenta con la fortaleza para compartir su experiencia y su medicina con otras personas que eligen explorar este camino espiritual, sirviendo como guía y soporte del proceso de aprendizaje. Una mujer se vuelve Nana cuando puede ser guía de un grupo e incluso sostener la consolidación y permanencia de una Casa de Curación y tiene la fortaleza espiritual de guiar la visión y los pasos de una comunidad entera; es, además, capaz de recibir en su útero energético a todos los seres vivos que no encontraron amor en sus familias de origen al llegar al plano físico. El día que fuimos recibidas en la dimensión espiritual de la etnia Tarahumara, Madre María Félix se hincó frente a cada una y besó nuestros pies para darnos la bienvenida. A mayor rango, mayor compromiso de ejemplo, servicio y humildad.

Cuando una mujer se ama a si misma, será capaz de amar a otros, de tomar las riendas de su destino, de consolidar una relación de pareja evolutiva, de definir límites saludables, de transmitir una nueva consciencia a sus hijos y mostrar a su entorno una nueva forma de relación con la Madre Tierra y sus ángeles. Este es el perfil de una mujer que sabrá honrar su lugar en los sistemas a los que pertenece; honrar y colaborar con los varones en la restitución de los valores que nos permitirán preservar la vida. La fuente del amor y la autoestima, de la que puedan tomar las futuras generaciones. Este es el perfil de una colaboradora al servicio de la construcción **de una nueva sociedad y una nueva cultura, caracterizada por la paz.**

Esta es la forma *rarámuri* de vivir la jerarquía y hoy su sabiduría está disponible para quien elija reconocerla, honrarla y vivirla.

Capítulo 10
Enlazando mundos
Serénate y reconoce: Yo Soy Dios

Un año antes de acercarme a la etnia *rarámuri*, tuve la oportunidad de conocer la sabiduría de los Esenios, una comunidad que existió algunos siglos antes del nacimiento del Maestro Jesús. Cuentan las leyendas que ellos fueron quienes prepararon la energía de la Tierra, para que su llegada fuera posible y realizaron un importante servicio para que pudiera cumplir con su misión. Algunas teorías postulan que el Maestro Jesús y sus principales apóstoles, incluyendo a muchas mujeres fueron esenios de un alto nivel de conocimiento. Esta historia me atrapó y decidí participar en uno de los retiros que ofrece Xavier Pedro Gallego, quien, a través de investigaciones de las diversas publicaciones de los documentos encontrados en el Mar Muerto y su capacidad de canalizar, nos ha permitido tener imágenes y prácticas muy cercanas, acerca de esta sabiduría milenaria.

A través de esta experiencia reconocí la necesidad de lograr la Paz y los siete pasos para hacerlo:

1. La paz con el cuerpo sintiente (físico).
2. La paz con el cuerpo pensante (mente, creencias).
3. La paz cuerpo sintiente (emociones y relación con la familia).
4. La paz con la sociedad.
5. La paz con la cultura.
6. La paz con el reino de la Madre Terrenal.
7. La paz con el reino del Padre Celestial.

Antes de esta experiencia, me encontraba en una total obsesión por vivir el vínculo con la Luz Cósmica y he vivido muy de cerca la predisposición de mi entorno por lograr relacionarse con el Padre Celestial y cumplir su voluntad. Sin embargo, cuando observo que las personas pretendemos saltarnos los seis pasos previos de la séptuple paz, podemos caer en la polaridad que nos lleva a pelear por creencias e incurrir en el fanatismo. Por lo que una de las recomendaciones que me hicieron los instructores de esa experiencia fue:

explorar la sabiduría la Rueda de la Medicina, que por cierto está totalmente relacionada con los siete pasos para lograr la paz y el camino de los *rarámuri* para llegar al Padre Celestial.

Describo este antecedente, pues reconozco que fue necesario cruzar el Océano Atlántico, para que unos sabios catalanes me ayudaran a abrir mi mente y tener la capacidad de voltear a ver lo que siempre ha estado a mi alcance, en la esquina de mi casa, a través de mi ventana: **la sabiduría ancestral de México y América**.

Cuando conocí a los hombres y mujeres que eligieron transitar con Madre María Félix el sendero de la sabiduría *rarámuri*, les pregunté: "¿Qué es lo que más ha llamado tu atención respecto a este camino?, ¿Por qué lo elegiste?" Ellos me respondían: "**Por que pude lograr una comprensión distinta de Dios y eso cambió mi vida".**

Un día, acompañando a Madre María Félix en un masaje del alma, cuando comenzó una intensa liberación de emociones dolorosas y resistencias, ella pronunció con firmeza la siguiente frase: **Serénate y reconoce, Yo Soy Dios.** Y la persona logró entrar en un estado de paz. Esta es una frase muy recurrente, usada en el Masaje del Alma y llamó especialmente mi atención. Posteriormente identifiqué que se trata de decreto Esenio. Comencé entonces a comprender las raíces comunes de las grandes tradiciones ancestrales, de las que hablé en el Capítulo 1.

En abril de 2019 fue cuando decidí hacer el viaje a las Barrancas del Cobre, con el grupo de personas que eligieron dar continuidad al legado de Madre María Félix, con el propósito de encontrar inspiración y lograr cumplir la promesa que un día le hice a ella de escribir un libro sobre su legado.

Viví hermosas experiencias en las Cascadas de *Cusárare*, en el Valle de los Monjes, los Hongos y las Ranas, encuentros mágicos con miembros de la etnia; reconocí que el primer paso de los *rarámuri*, de tener un acercamiento a la cultura occidental consistió en aceptar las enseñanzas de la doctrina cristiana, al menos los aspectos que coinciden con su cosmovisión y adoptar los coloridos atuendos que hoy los distinguen, a través de la **guía de los Jesuitas**.

Ellos reconocen al Maestro Jesús, como el **Hermano Mayor** y el que abre las puertas del Gran Laboratorio Cósmico, para sanar a los viajeros de la Tierra, a través la **Cirugía Energética**; he descubierto que esas historias que Carlos Castaneda cuenta, en sus relatos de poder, y que yo creía que eran ciencia ficción son tan reales como el aire que respiramos y además funcionan, cuando es propicio para el plan divino de la persona y ésta, a su vez, se compromete a reconocer **y dejar ir aquello que la enfermó.**

Fue imponente experimentar un Vía Crucis en la Sierra, al ritmo de más de 300 tambores y vivir con ellos la mayor de sus celebraciones: El Viernes Santo y la adoración de la Santa Cruz. Compartimos con ellos los alimentos de esta celebración, un brindis con *tesgüino*, [25] una danza de gratitud y el toque de caracol.

---

[25] El **tejuino o tesgüino** (del náhuatl *tecuin*, "latir el corazón"[1]) es una cerveza de maíz que consumen diversos grupos étnicos de México, principalmente los del norte del país. (Wikipedia)

Sin embargo, mi corazón no estaba en paz. Fue demasiado el dolor que percibí al escuchar los retos que viven con los grupos que abusan y ejercen poder sobre ellos, la lucha por asegurar el respeto de sus tierras y preservar su tradición, les ha costado mucha carencia y la vida física de muchos miembros de su comunidad; aún así *el rarámuri no es triste*, danzan, celebran, suben las barrancas para continuar sus tradiciones en comunidad. Quizá esto no tenga nada que ver con ellos, pero se me activaron dolores del alma, quizá del alma colectiva o quizá memorias de mi corriente de vida en este universo. Soñé toda esa noche con Sebastián uno de mis compañeros de estudio en la preparación para ser curandero *rarámuri*. Al siguiente día en el desayuno me dijo: *"Me pidieron que te invite a un ritual."* ¡*Soñé toda la noche contigo!*, *le respondí*. ¡*Trabajé toda la noche contigo, por instrucciones de Madre María Félix!*, me contestó.

Cinco minutos antes de subir al autobús que nos regresaría a nuestras ciudades de origen, participé en ese breve ritual de activación de animales de poder. Al finalizar el ritual, Ileana una de las mujeres más dulces y poderosas que he conocido, con la suavidad de una mariposa me colocó un paliacate con propósito de tiara, en la cabeza y pronunció las siguientes palabras: **Serénate y reconoce, Yo Soy Dios**. Sentí un torrente energético que me recorrió la columna vertebral y la sangre. Me subí al autobús y durante las siguientes 30 horas de viaje, se desplegó para mi lo que hoy comparto en estas páginas. Las ideas surgían, como un flujo parecido a las Cascadas de *Cusárare*, se me salían las lágrimas de tanta inspiración. No fue necesario escribir los conceptos para poder desarrollarlos. Sólo observé cómo la sabiduría se desplegaba, así como la forma de comunicarla.

En los rituales de iniciación *rarámuri,* especialmente cuando se alcanza el grado de Curandera, se otorga al postulante una tiara, que es confeccionada por su madrina o padrino, con algunos símbolos y elementos; entre ellos el símbolo de las grandes barrancas, aquellos lugares en los que es más simple conectar con la sabiduría Divina y superar la polaridad de la mente. Ese fue el efecto que percibí en mi trayecto de regreso y pude vivir un estado de serenidad que hoy me permite manifestar lo que hoy estoy compartiendo contigo en estas páginas.

Recordé aquel día en el Bosque de la Malinche, (Tlaxcala, México), en el que Madre María Félix eligió ser mi madrina en este sendero como curandera de la palabra oral y escrita. También me colocó un rebozo y una tiara de color morado, un poderoso recurso que nos ayuda a conectar la mente, con la emoción, el Cielo con la Tierra, la palabra con la acción.

Todo terminó de cerrar, durante los siguientes días. Cuando una de las redes sociales, sincrónicamente, me trajo una meditación del Evangelio Esenio de la Paz, Libro 2: El libro esenio de Moisés. *La visión de Enoch. Donde Dios habla al hombre*. De los escritos encontrados en el Mar Muerto en 1947, que dice así:

Te hablo, serénate y reconoce que Yo Soy Dios.
Te hablé cuando naciste, serénate y reconoce: Yo Soy Dios.

Te hablé en tu primera mirada, serénate y reconoce: Yo Soy Dios.

También te hablé en tu primer pensamiento, serénate y reconoce: Yo Soy Dios.

Te hablé en tu primer amor, serénate y reconoce: Yo Soy Dios.

Te hablé en tu primer cántico, serénate y reconoce: Yo Soy Dios.

Te hablo a través del pasto de las praderas, serénate y reconoce: Yo Soy Dios.

Te hablo a través de los árboles de los bosques, serénate y reconoce: Yo Soy Dios.

Te hablo a través de los valles y de las colinas, serénate y reconoce: Yo Soy Dios.

Te hablo a través de la lluvia y de la nieve, serénate y reconoce: Yo Soy Dios.

Te hablo a través del rocío de la mañana, serénate y reconoce: Yo Soy Dios.

Te hablo a través de las olas del mar, serénate y reconoce: Yo Soy Dios.

Te hablo a través de la paz del atardecer, serénate y reconoce: Yo Soy Dios.

Te hablo a través del fulgor del sol, serénate y reconoce: Yo Soy Dios.

Te hablo a través de las estrellas brillantes, serénate y reconoce: Yo Soy Dios.

Te hablo a través de las nubes y las tormentas, serénate y reconoce: Yo Soy Dios.

Te hablo a través del arco iris misterioso, serénate y reconoce: Yo Soy Dios.

Te hablo cuando estás solo, serénate y reconoce: Yo Soy Dios.

Te hablo a través de la sabiduría de los antiguos, serénate y reconoce: Yo Soy Dios.

Te hablo cuando ves a mis ángeles, serénate y reconoce: Yo Soy Dios.

Te hablaré por toda la eternidad, serénate y reconoce: Yo Soy Dios.

Te hablo, serénate y reconoce: Yo Soy Dios.

El corazón se me llenó de júbilo al recibir esta señal. La historia llamada "oficial", aún no lo reconoce; pero la sabiduría occidental, oriental y ancestral de América, cuentan con importantes vínculos que podrían ayudarnos a respetar, reconocer y honrar los diversos caminos que la humanidad ha tomado para recordar su origen y evolucionar. El conocimiento e integración de las diversas perspectivas podrían ayudarnos a comprender que en realidad todos SOMOS UNO.

Te invito a hacer tuyas estas palabras, a usarlas para meditar y para propiciar en ti estados de paz necesarios para sanar y manifestar todo aquello que anhelamos. Pronuncia estas frases con certeza y firmeza, reconoce que la palabra reprograma al inconsciente, la palabra consciente entrena la mente, modifica la estructura molecular y aligera nuestras cargas emocionales. Usa estas palabras para convertirte en la Paz, que hoy tú y el mundo necesitamos y si lo consideras conveniente, usa una tiara para serenar tu mente. Te la comparto en este capítulo, pues para mi representó la llave que abrió las puertas de la inspiración.

Capítulo 11
Enseñanzas del Hermano Mayor y La Gran Madre Terrenal

Hace unos años, en una antigua librería de la Ciudad de México, cuando comenzaba a reconocer el término, aún sin mucha información, llamó mi atención un libro cuya portada decía: El evangelio de los esenios, un libro atribuido al Apóstol Juan, el Discípulo Amado.

> Este libro contiene sólo un fragmento –alrededor de una octava parte– de los manuscritos completos que se conservan en arameo, en la Biblioteca del Vaticano, y en antiguo eslavo en la Biblioteca Real de los Habsburgo, actualmente propiedad del gobierno austriaco. Debemos la existencia de ambas versiones a los monjes nestorianos, quienes, ante el avance de las hordas de *Gengis Khan*, se vieron forzados a huir del Este hacia el Oeste, trayendo consigo todas sus antiguas escrituras e iconos. [26]

---

[26] Bordeaux, Edmond. Traducción: El evangelio de los Esenios. Libro de la Paz. Editorial Sirio, España 2007. P. 6

Me llamó la atención la sabiduría contenida en estas líneas y comprendí que la alineación de las culturas ancestrales con los recursos de la Tierra, como eje de su vida cotidiana y su espiritualidad es mucho más que una resistencia al progreso o apego a una cosmovisión panteísta o pagana, tan rechazada por las religiones institucionales y el sistema económico, sino que se trata de la enseñanza del Hombre más influyente de los últimos dos mil años, cuyo paso por este planeta modificó la historia de occidente, comenzando por el calendario: El Maestro Jesús.

Mucho nos interesan los milagros y proezas que realizó el Maestro, mientras cumplía su ministerio. Sin embargo, en el texto que a continuación citaré, el Maestro tiene el propósito de ayudarnos a reconocer que vivimos en un mundo de milagros y magia a nuestro alcance, que nuestro amado planeta sigue siendo el paraíso al servicio amoroso e incondicional de nuestra experiencia y necesitamos despertar nuestra consciencia al respecto. Todas las oportunidades de realización y sanación se encuentran al alcance de nosotros y tal parece que los *rarámuri* y las demás culturas ancestrales lograron comprenderlo.

Podría surgir el cuestionamiento si este texto será verdadero, sinceramente, más que verdadero o válido, me resulta lógico y una enseñanza de sentido común. Considero que es buen momento para reflexionar a dónde nos ha llevado pasarla por alto y privilegiar la creencia de que Dios entregó al ser humano la Tierra, para tener dominio de ella y de sus criaturas. (Gen, 1:29)

a) Veamos qué descubrimos en este relato:

> -Entonces muchos enfermos y tullidos fueron a ver a Jesús y le preguntaron:
> ¡Si todo lo sabes!, ¿por qué sufrimos estas penosas plagas?, ¿por qué no estamos enteros como los demás hombres? ¡Maestro, cúranos para que nos hagamos fuertes y no tengamos que vivir por más tiempo en nuestro sufrimiento! ¡Sabemos que en tu poder está curar todo tipo de enfermedad, líbranos de Satán y de todos sus grandes males! ¡Ten compasión de nosotros!

Y Jesús respondió: felices vosotros que tenéis hambre de la verdad, pues os satisfaré con el plan de la sabiduría. Felices vosotros que llamáis, pues os abriré la puerta de la vida. Felices vosotros, pues os conduciré al Reino de vuestra Madre y sus Ángeles, en donde el poder de Satán no puede penetrar.

Ellos preguntaron con desconcierto: ¿Quién es nuestra Madre y quiénes son sus ángeles? ¿Dónde se halla su reino?

Vuestra Madre está en vosotros y vosotros en ella. Ella os alumbró y ella os da vida. Fue ella quien os dio vuestro cuerpo y a ella se lo devolverás de nuevo algún día. Felices vosotros cuando lleguéis a conocerla, así como a su reino. Si recibís a los ángeles de vuestra Madre y cumplís sus leyes nunca conoceréis la enfermedad, pues el poder de vuestra Madre está por encima de todo, tiene gobierno sobre todos vuestros cuerpos y todas las cosas vivas.

El aire que respiramos ha nacido del aliento de nuestra Madre Terrenal, su respiración es azul celeste en las alturas de los cielos, silba en las cumbres de las montañas, susurra entre las hojas del bosque, ondea entre los trigales, dormita en los valles profundos y abrasa en el desierto. La dureza de nuestros huesos ha nacido de la dureza de nuestra Madre Terrenal de las rocas y de las piedras. Se yerguen desnudas en lo alto de las montañas (...) En verdad os digo que sois uno con la Madre Terrenal ella está en vosotros y vosotros en ella. De ella nacisteis, en ella vivís y a ella de nuevo retornareis. Guardad por lo tanto sus leyes, pues nadie puede vivir mucho sin ser feliz, sino aquel que honra a su Madre Terrenal y cumple sus leyes (...) Ella curará todas sus plagas y él nunca enfermará. Ella le dará larga vida y le protegerá de todo mal. Ella os ha dado su cuerpo y nadie sino ella os cura. Vuestra Madre os ama, incluso cuando le dais la espalda y cuanto más os amará si regresáis de nuevo a ella. En verdad os digo que muy grande es su amor, más grande que la mayor de las montañas y más profundo que el más hondo de los mares. Y aquellos quienes aman a su Madre, ella nunca os abandona[27].

---

[27] Bordeaux, Edmond. Traducción: El evangelio de los Esenios. Libro de la Paz. Editorial Sirio, España 2007. Pp 10-18.

La sabiduría *rarámuri* me lleva a preguntarme, ¿por qué en la cultura occidental hicimos caso omiso de esta enseñanza. ¿Por qué nos permitimos creer que la Tierra era un recurso a nuestro servicio? Hoy escucho en las noticias las declaraciones de gobernantes que justifican la tala inmoderada de árboles, en nombre del progreso aún cuando vivimos contaminación y temperaturas extremas sin precedente.

A inicios del siglo XX, las familias con más poder económico diseminaron el paradigma de que un tratamiento "profesional" de salud debería necesariamente pasar por un laboratorio y por lo tanto es justificable su costo y la lamentable inaccesibilidad para aquellos menos afortunados, generando así la industria más redituable del mundo y la que más ha exacerbado la polaridad social, la carencia, la contaminación de la Tierra e incluso ha propiciado más enfermedad.

Las grandes corporaciones y los medios de comunicación nos hicieron creer que la felicidad está en poseer, la paz en acumular y si no es posible, entonces habrá que buscar la forma de aparentar. Y en esto se nos ha ido la felicidad, la salud y el poder personal.

Tal parece que tenía que pasar más de dos mil años, para despertar la consciencia, reconocer que el dinero no se come, que todo está hecho de la energía de la Tierra, que no hay negocio que podamos emprender sin la energía y materiales de la Tierra, que en realidad estamos hechos de las mismas sustancias que ella y es ella quien realmente nos puede nutrir y sanar.

Si hoy observamos en retrospectiva, no es ilógico tocar el caracol y realizar una danza para tener una buena cosecha. Si conocemos el impacto de la energía humana en movimiento, el poder transmutador de la alegría y la gratitud y su impacto en la manifestación física, para lograr una gran cosecha o sanar a otro ser vivo. Las culturas originarias vivieron de manera intuitiva y empírica, los conocimientos que hoy conocemos como física cuántica o tal parece que conocían la enseñanza que compartió el Maestro Jesús en su tiempo.

En donde quiera que haya vida, está escrita la ley

Es momento que a nombre del progreso, dejemos de auto-destruirnos, de creer que no tiene ningún impacto lastimar a un animal por diversión, matar por glotonería, devastar el entorno por ambición.

Es momento de dejar de poner palabras en la boca de Dios, de declarar que su dedo escribió la única verdad y operemos con el mínimo de sentido común, para poder ser inteligentes, adaptarnos y superar nuestras crisis.

La sabiduría que he recibido de la etnia *rarámuri* me ha invitado a conocer, comprender y aplicar La ley.

> Jesús dijo: Nadie puede ser feliz, salvo quien cumple la Ley.
> ¡Todos cumplimos las leyes de Moisés tal cual están escritas en las Sagradas Escrituras! le respondieron al Maestro.
> La ley es la palabra viva del Dios vivo, dada a los profetas vivos, para los hombres vivos. ***En donde quiera que haya vida, está escrita la ley***. Podéis

hallarla en la hierba en el árbol, en el río, en la montaña, en los pájaros del cielo, en los peces del mar. Pero buscadla principalmente en vosotros mismos, pues en verdad os digo que todas las cosas vivas se encuentran más cerca de Dios que la escritura que está desprovista de vida. (...) ***Dios escribió las leyes en vuestro corazón*** y en ***vuestro espíritu***. Se encuentran en vuestra respiración, en vuestra sangre, en vuestros huesos, en vuestra carne, en vuestros intestinos, en vuestros ojos, oídos y en cada pequeña parte de vuestro cuerpo. Están presentes en el aire en el agua, en la Tierra, en las plantas en los rayos del sol, en las profundidades y en las alturas. ***Todas os hablan para que entiendas la lengua y la voluntad del Dios vivo***. Pero vosotros cerráis vuestros ojos para no ver y tapáis vuestros oídos para no escuchar.

Nadie puede llegar al Padre Celestial, sino a través de la Madre Terrenal, del mismo modo que un recién nacido no puede entender la enseñanza de su padre, mientras su madre no le haya primero amamantado, bañado, cuidado, dormido y alimentado. Mientras el niño es pequeño, su lugar está junto a su madre y a ella debe obedecer. Cuando el niño ya ha crecido, su padre le lleva a trabajar al campo a su lado y el niño regresa junto a su madre cuando llega la hora de la comida y la cena. Entonces el padre le enseña para que se adiestre en los trabajos y cuando ve que su hijo se adiestra en su enseñanza y hace bien su trabajo le da todas las posesiones para que todas pertenezcan a su amado hijo y para que éste continúe con su obra. Pues ya se os dijo: honra a tu Padre y a tu Madre. Pero yo os digo, hijos del hombre: Honrad a vuestra Madre Terrenal y cumplir todas sus leyes, para que sean largos vuestros días en esta Tierra y honrad a vuestro Padre Celestial para que sea vuestra en los cielos la vida eterna.

Buscad el aire fresco del bosque y de los campos y en medio de ellos hallaréis el ***ángel el aire***. Inspirad entonces larga y profundamente para que el ángel del aire penetre en vosotros. Pues en verdad os digo que sagrado es el ángel del aire que limpia cuanto está sucio y confiere a lo maloliente un suave perfume. Después buscad que el ***ángel del agua*** abrece todo vuestro cuerpo pues expulsará de

> vuestro cuerpo toda impureza por fuera y por dentro. Dejad que el ángel del agua os bautice por dentro (...) Renovad vuestro bautismo con agua mientras dure vuestro ayuno. Y este bautismo sagrado por el ángel del agua supone renacimiento a la nueva vida. Los ángeles del ***aire, del agua, de la luz del sol y la tierra*** son hermanos (...) En verdad os digo que nadie puede llegar al Padre Celestial si los ángeles de la Gran Madre Terrenal no se lo permiten.

A través de estos párrafos, llenos de claves de evolución es que podemos contemplar la importancia de honrar las leyes de la vida, el respeto a todo lo que manifiesta dicha ley y el rol de la Madre Tierra y sus Ángeles: Tierra, Agua, Aire y Fuego, que con generosidad ilimitada e incondicional siguen esperando que hombres y mujeres aprendamos lo que evocan los cantos medicina: Para llegar a Dios, hay que aprender a ser humano. Y aprender a ser humano tiene que ver con el reconocimiento de dónde vivimos, dónde estamos parados y cuál es nuestro rol en la creación y en la evolución. Somos el eslabón entre el mundo de la materia y el espiritual, somos amados infinitamente, esto nos vuelve parte importante del Plan Divino, más no los dueños. Sin embargo, pasar esta sabiduría a acciones, en un mundo con tantas personas que por tanto tiempo hemos sido inconscientes de lo esencial, los *rarámuri* nos ponen la muestra de que entendieron la perspectiva no autorizada de las enseñanzas del Hermano Mayor o la aceptaron por la afinidad que encontraron, con su conocimiento ancestral.

¿Por qué un *rarámuri* tiene la capacidad de correr como gacela sin lastimarse los pies y las rodillas?, ¿Por qué puede enfrentar las inclemencias del tiempo y la ignorancia de los hombres de su entorno?, ¿Por qué puede obtener el pan de cada día a pesar de todo? ¿Por qué pueden superar las grandes cargas de tristeza y enojo, que produce la ignorancia de quien no respeta nada y aún así prevalecer? Por su relación inquebrantable con el Reino de la Madre Terrenal y su gran respeto por la ley que es la vida, que lo vinculan con el Padre Celestial.

Con esto no te estoy invitando a vivir en una cueva, tampoco te estoy insinuando que abandones tus creencias; con estas palabras te invito, a dejar de juzgar lo que es diferente a tus moldes. A reconocer que la Divinidad Suprema, silenciosa, generosa y respetuosa nos observa **desde las estrellas y desde nuestro mundo interno**; desde la mirada de quien hemos considerado enemigo o adversario, desde la consciencia del reino animal, vegetal, acuático y mineral y nos muestra sus leyes. ¿Cómo podemos vivirlas? Como lo hacen las culturas originarias, con las claves de la ética, la humildad y la colaboración.

A la Madre Terrenal no tenemos nada que ofrecerle, pues todo lo que existe en este plano viene de ella. Sin embargo, podemos retribuirle con nuestra consciencia, con el impacto y el poder de la energía del amor, el respeto, la gratitud y la paz. Desde el plano energético esto sí que la nutre y fortalece a sus ángeles. Pero para esto necesitarás desarrollar la maestría del pensamiento y la emoción. En la sabiduría *rarámuri* encontrarás muchos recursos para tal propósito, que seguramente se complementarán con lo mejor de la sabiduría occidental.

Si sólo podemos retribuir a la Madre Terrenal con nuestra consciencia, aunque esto nos de más trabajo y nos invite a salir de la zona de comodidad; te invito a dejar de condenar a la putrefacción tanta energía de vida a través de los residuos orgánicos que se producen en tu casa, a usarlos para nutrir las plantas de tu jardín y los parques. Te invito a honrar cada gota de agua que consumes, a regar los jardines con la consciencia de estar liberando este sagrado ángel del agua, para regresar a la atmósfera, purificarse y volver, para continuar brindando la bendición de su servicio. Te invito a retribuir todo lo que tomas y a respetar todo lo que está vivo y todo lo que ahora dicen las redes sociales y medios de comunicación que tenemos que hacer para no propiciar nuestra extinción. Te invito a respirar profundamente y a permitir que el ángel del aire purifique y libere tus creencias limitantes, a que el ángel de la luz del Sol active tu voluntad y la determinación de tu espíritu, por manifestar la armonía. Más te invito a hacerlo por amor y no por miedo. Por consciencia y no por culpa, por el poder ilimitado de la alegría. Entonces nuestra Tierra recuperará su lugar, como el paraíso que siempre había estado destinada a ser.

Capítulo 12

¿Y para tí quién es Dios?

David Brambila bosquejó así el alma del silencioso tarahumar: "es temperamentalmente alegre, con una alegría deliciosamente matizada de ingenuidad de niño. El rarámuri no es triste[28].

La alegría es la verdadera naturaleza del ser humano. Si tu vida no es alegre, no estás viviendo en coherencia con tu verdadera esencia. ¿Por qué los *rarámuri* serán alegres si desde la perspectiva occidental les falta todo? ¿Por qué a la gente en nuestra sociedad le cuesta estar alegre, incluso cuando aparentemente lo tiene todo?

Las respuestas vendrán cuando reflexiones sobre la pregunta: **¿Y para ti quién es Dios?** Reconozco que es una pregunta incómoda; para muchas personas es muy inconsciente o tal vez les resulte indiferente; ha sido motivo de discusiones e incluso de guerras. Sin embargo, para desarrollar nuestra consciencia y la filosofía de los

---

[28] Fundación Tarahumara-José A. Llaguno.Tarahumara: El mundo de Pepe Llaguno. Fundación Tarahumara. USA 1994. Apartado: EL ALMA TARAHUMARA.

Pies Ligeros es buen momento de reconocer que la respuesta a esta pregunta es mucho más que un contenido de sobremesa o un motivo de debate. Es el origen de todo lo que ocurre respecto a nuestra salud, relaciones, abundancia o escases, guerra o paz, en pocas palabras: todo lo que acontece en nuestra existencia.

Las enseñanzas bíblicas nos dicen que Dios habita en el cielo, la Tierra y en todo lugar. Incluso en nuestro interior. Entonces me pregunto: ¿Cuándo concluimos que Dios vive en un lejano lugar, que es un hombre de edad avanzada, que se ofende por nuestros actos y que al finalizar esta experiencia definirá si merecemos el cielo o el castigo eterno? ¿Cuándo concluimos que una concepción de Dios es más correcta que otra o que incluso existen grupos humanos que merecen morir por tal diferencia? ¿Por qué Dios elige escuchar las plegarias de unos y no las de otros? ¿Por qué en unas personas se manifiesta la salud y la abundancia, mientras que otros viven la carencia y enfermedad, aún lanzando las mismas plegarias al Creador?

La respuesta a estas interrogantes la encontré a través del trabajo del Dr. David Hawkins, un psiquiatra, investigador y místico, profesor de prestigiosas universidades; documentó su conocimiento, experiencia e investigación en diversos libros como son: El poder vs. La fuerza, Dejar Ir, Trascender los niveles de consciencia. Él resume de manera impecable el resultado de una investigación que le tomó más de 30 años documentar, respecto al nivel de calibración logarítmica de cada emoción (campos de energía) y hace referencia a los diversos niveles de consciencia que vivimos, de acuerdo con nuestras emociones.

El Dr. Hawkins logró observar que las personas que tenían una visión de **Dios desdeñoso**, por lo general tenían una percepción de la vida –miserable-un estado emocional con una frecuencia o calibración logarítmica muy baja. El tipo de emociones que tenían esas personas estuvo asociado a la humillación. Esto es lo que significa **experimentar la vida con las alas rotas.**

Esto me permite comprender de qué manera los estados emocionales de tan baja frecuencia, pueden impactar tanto en los resultados, como en el sistema inmunológico de una persona, sus decisiones de vida como la auto-destrucción, la destrucción de otros o la de su entorno. Con este fundamento es lógico pensar que una persona que considere que Dios es desdeñoso, vengativo, censurador, altivo, indiferente, dogmático, celoso difícilmente, podrá lograr estados emocionales que le permitan tener una relación armónica consigo mismo, con su entorno y sólo necesitamos sentido común para reconocer que su salud también se verá afectada por su sistema emocional.

MAPA DE LA CONSCIENCIA DEL DR. DAVID HAWKINS[29]

	Visión de Dios	Visión de la vida	Nivel de consciencia	Nivel de calibración logarítmica	Emoción	Experiencia de vida
PODER	Ser interno	Es	Iluminación	700-1,000	Indescriptible	Consciencia pura
	Ser universal	Perfecta	Paz	600	Éxtasis	Iluminación
	Uno	Completa	Alegría	540	Serenidad	Transfiguración
	SALTO A LA ILUMINACIÓN					
	Amoroso	Benigna	Amor	500	Veneración	Revelación
	Sabio	Significativa	Razón	400	Comprensión	Abstracción
	Misericordioso	Armoniosa	Aceptación	350	Perdón	Trascendencia
	Edificante	Esperanzadora	Voluntad	310	Optimismo	Intención
	SALTO AL PODER					
FUERZA	Permisivo	Factible	Coraje	200	Consentimiento	Empoderamiento
	Indiferente	Exigente	Orgullo	175	Desprecio	Engreimiento
	Vengativo	Antagonista	Ira	150	Odio	Agresión
	Negativo	Decepcionante	Deseo	125	Anhelo	Esclavitud
	Castigador	Atemorizante	Temor	100	Ansiedad	Retraimiento
	Altivo	Trágica	Sufrimiento	75	Remordimiento	Desaliento
	Censurador	Desesperanzadora	Apatía	50	Desesperación	Renuncia
	Vindicativo	Maligna	Culpa	30	Culpa	Destrucción
	Desdeñoso	Miserable	Vergüenza	20	Humillación	Eliminación

En este mapa se muestran los campos generales de la conciencia que han sido calibrados en cuanto al poder del campo y a su dirección, como se indica por las flechas. Aquellos por debajo del nivel del coraje (valor, determinación, *courage*) a 200 se dirigen hacia abajo, y aquellos por encima del coraje (valor, determinación, *courage*) hacia arriba. Los que están en una dirección negativa no sostienen la vida y se les podría llamar "anti-vida". Los que están en la dirección positiva: La creencia de un **Dios interno, sostienen y nutren la vida**. En la parte superior del mapa vemos que los campos de energía se vuelven más poderosos a medida que aumentan sus calibraciones numéricas, la más alta frecuencia energética y, por lo tanto, el más elevado sistema inmunológico.

El resultado de esta investigación me ayuda a reconocer el poder de la libertad del ser humano. Intuimos la presencia de Dios o de una Consciencia Superior, si elegimos llamarle así, pero ¿cuándo olvidamos que habita en nosotros?, ¿cuándo olvidamos que ese poder ilimitado se individualizó para darnos forma y vida?

Me sorprendió identificar la gran similitud entre la tabla de calibraciones logarítmicas del Dr. David Hawkins, la Sabiduría Esenia y el mapa de aprendizaje que **Madre María Félix trazó para empoderar personas en la formación como curanderos**. El primer paso que ella realizaba y que hoy mantienen las mujeres que continúan con su legado, es el masaje para la liberación del alma de las emociones y creencias más arraigadas que nos hacen vivir desde la culpa y la vergüenza (la paz con el cuerpo físico). Posteriormente, nos llevaba a la sanación de los vínculos paterno y materno para trascender las emociones asociadas al miedo, la ira, el apego (la paz con el cuerpo mental y emocional). Nos brindaba el conocimiento de una tradición ancestral para ayudarnos a recordar el poder de la energía femenina, que nos permita lograr un mayor nivel de **paz con la sociedad y la cultura**. Nos ayudó a reconocer a la Tierra como La Gran Madre y a los ángeles de la tierra, agua, fuego y aire como nuestros hermanos y asistentes en el proceso de sanación, realización y evolución. Entonces activó la consciencia de nuestras alas de águila y su rezo nos empoderó para volar por el territorio de la aceptación, la voluntad, la gratitud, amor, alegría y paz, para lograr las primeras comprensiones de que la divinidad habita en nosotros y experimentar la paz con el reino del Padre Celestial.

No estoy insinuando que hemos logrado la iluminación, pues en la espiral de la consciencia se asciende y desciende, dependiendo de las experiencias y retos cotidianos; sin embargo, hemos logrado estados de paz, alegría y libertad con más recurrencia.

Para todos aquellos que lean estas páginas y que no tengan antecedentes de formación o interés religioso, les pido considerar los fundamentos de física cuántica:

Esta perspectiva se puede explicar con otras palabras. Cada que un ser humano piensa, siente, habla, actúa ocurre una modificación en el campo cuántico, un impacto en la frecuencia, radiación, propagación y magnetismo de sus átomos, su estructura molecular, celular y en la de su entorno. Cada pensamiento, sentimiento, palabra o acción de un ser humano, emite señales electromagnéticas que impactan una capa energética que rodea y penetra a nuestro planeta.

Podrás llamarle Dios, Arquetipo Uno, Campo Cuántico. Lo que es innegable es que existe una consciencia superior que crea, mantiene a la vida en equilibrio y en permanente vinculación, más allá de nuestra comprensión y voluntad.

Un postulado que complementó con sus aportaciones el gran psicólogo y psiquiatra suizo Carl G. Jung en el Siglo XX, con los conceptos sobre el Inconsciente Colectivo y como lo han hecho exploradores de la física cuántica como *Michio Kaku, Bruce Lipton, Joe Dispenza, William Tiller*, entre otros. Todas estas perspectivas concuerdan con que cada ser humano tiene el **poder creativo** para experimentar la salud o la enfermedad, la carencia o la abundancia, la armonía o el conflicto, de acuerdo con el **sistema emocional y de creencias** que lo llevan a tomar decisiones y acciones.

Por lo tanto, retomando las enseñanzas religiosas y metafísicas: Dios habita en el Cielo, la Tierra y en todo lugar incluyendo a los seres humanos. Por lo tanto, cuando respiras, caminas, hablas y actúas: También eres

Dios experimentando la individualidad con el poder de modificar el campo electromagnético en el que vivimos.

Por eso podemos comprender cómo algunos otros hombres sabios y prácticos que manifestaron sus sueños, en grandes proyectos que transformaron el mundo, como Henry Ford postulaban: *Si tú crees que puedes, tienes razón; si crees que no puedes, también tienes razón.* Porque creer es crear.

Cuando piensas, sientes, hablas y actúas acerca de tu salud, relaciones, situación laboral, sentimental, económica: eres una individualización de Dios experimentando su creación, de manera local, doméstica, pero con un impacto en todo el Universo.

Por tal motivo cuando te expresas de una situación o persona, te encuentras creando una posible realidad armónica o inarmónica, si esa persona aún no reconoce que la divinidad habita en ella, así como su ilimitado poder. Es así como todos nos afectamos a nosotros y entre nosotros al emitir juicios y críticas. Desde el plano espiritual, es así como nos atamos a través de vínculos energéticos. En ocasiones, esas ataduras energéticas se mantienen en el dominio de la ignorancia, produciendo enfermedad, conflictos, rupturas y guerras.

Es así como cada ser humano, de acuerdo con su creencia de quien es Dios y dónde habita, configura de manera inconsciente **un sistema emocional y de creencias que determinarán el llamado "destino"**. Si crees que Dios es un anciano, auditor que define si mereces o no sanar, si mereces la abundancia o conviene que padezcas un poco más, según tu comportamiento, si crees que hay algo o alguien que te puede afectar, manipular o matar, lo experimentarás; si crees que mereces que Dios escuche tus plegarias y autorice la manifestación de tus sueños, serás el creador de esas realidades. Sin embargo, si reconoces que Dios, vive en ti y que eres capaz de crear la realidad armónica y perfecta a través de la maestría de tus pensamientos y sentimientos, lo harás. No a todo el mundo le gusta reconocer este aprendizaje y la responsabilidad que conlleva. **Conoce la verdad y la verdad te hará libre. Esta es la ley de la que hemos querido hacer caso omiso**.

Si observas la tabla-resumen, la alegría es una de las emociones de más alto nivel de calibración logarítmica. Es uno de los estados de mayor poder personal. Podemos ahora comprender el impacto de la frase de Albert Einstein: "En la alegría seréis invencible". Pues al observar a mayor índice de calibración logarítmica, más elevado se encontrará el sistema inmunológico y por lo tanto tendrás más vitalidad. Cuando identifico que alguien experimenta su vida desde la alegría, despierta mi total admiración. Así es como nos ha ocurrido con la etnia *rarámuri*.

¿Por qué funciona un masaje del alma para curar una enfermedad?, ¿Por qué se pueden reemplazar los órganos energéticos y manifestar una renovación en la dimensión física? ¿Por qué un Temazcal puede ayudarnos a dar pasos enormes en la solución de diversos problemas de salud, relaciones, resultados? ¿Por qué el sonido del caracol potencia la manifestación de nuestras intenciones?, ¿Por qué una espina de maguey libera la energía que produce dolor en la columna vertebral o en el aparato digestivo? Por el poder de la intención, es lo que propicia el resultado;

por que quien utiliza esos recursos es consciente del poder creativo que habita en si mismo y en todo ser humano.

El sistema de creencias **de los sabios de la etnia *rarámuri*** es algo más cercano al reconocimiento de que el Dios Creador actúa en cada ser humano. Para ellos es imposible aceptar la creencia de un Dios que castiga, ese aspecto del cristianismo no fue recibido por ellos. Por lo tanto, quien realice un masaje desde la consciencia de ser un portador de la energía divina, logrará impactar en el campo energético de otra persona para propiciar su sanación física. Así también, cuando olvidamos nuestra naturaleza divina o nuestro poder y generamos en nosotros carencia o enfermedad, podemos aceptar la sanación de otro ser humano, portador de esa sabiduría divina, como un paso previo al logro de la auto-sanación; sin apego, arrogancia, ni co-dependencia; desde la humildad y la alegría de reconocer que todos somos uno: si sana uno, sanamos todos, cuando sano a otro, me estoy sanando a mi. Esta es la premisa del poder creativo que Madre María Félix compartía con sus estudiantes y participantes en sus espacios de aprendizaje.

¿Cómo sería la vida si todos reconociéramos que lo que verdaderamente necesitamos sanar es el olvido de que **Dios se encuentra experimentando a través de nosotros**?, ¿O que somos portadores del poder de crear y manifestar a través del pensamiento, sentimiento, palabra y acción?, ¿Quién podría tener miedo al futuro si pudiéramos reconocer que nosotros lo creamos, a través de la chispa divina que nos habita?

Sin duda, dejaríamos de criticarnos, afectarnos unos a otros y a la naturaleza, pues comprenderíamos que cada que hacemos esto, estamos afectando a Dios y por lo tanto a nosotros mismos, pues somos parte de Dios. Como lo enseña la tradición sumeria: Somos la gota y Él es el océano. Si así fuera, nos enfocaríamos en definir nuestros objetivos y en propiciar las emociones para manifestarlos, en vez de juzgar, repudiar, envidiar o experimentar la tristeza de no ser escuchados por un Dios distante o inexistente.

Es así como la sabiduría *rarámuri* utiliza todos los recursos a su alcance para depurar las programaciones del cuerpo emocional y mental que impactan al cuerpo físico, al entorno y al planeta, para ayudarnos a recordad quiénes somos. Es momento de comprender que nuestros conflictos locales, son el alimento del paradigma de guerra que afecta a naciones y comunidades. La clave para evolucionar está en serenar la mente y las emociones, para elegir desde la verdadera libertad. Es a través de la práctica de esta sabiduría ancestral que podemos reconocer el poder y el impacto de este poderoso decreto: **Serénate y reconoce: Yo Soy Dios.**

Es así como muchos hombres y mujeres medicina han logrado recuperar su poder personal, al comprobar el estado de paz que produce el reconocimiento de que respiramos a la divinidad. Dios es la energía que hace latir nuestro corazón, la que hace nuestros pulmones funcionar, la que hace que nuestros órganos procesen el alimento, la que dirige nuestros pasos, que eternamente respeta nuestra libertad y cómo la ejercemos.

Despertar la consciencia y recobrar el poder significa lograr la paz, el amor y la gratitud de reconocer a la individualización de Dios que vive en nosotros; y para ello, los *rarámuris* cuentan por siempre con la sabiduría que nos ayuda a sanar la carencia emocional y las limitaciones de la mente, y además cuentan con la asistencia generosa y eterna de la **Gran Madre Terrenal y del Hermano Mayor.**

Conclusión

Gracias por llegar hasta aquí. Deseo que estas páginas hayan cumplido su propósito y tu perspectiva de la Gran Verdad hoy sea más amplia. Que sea una semilla que nos permita a todos vivir la ley del Unidad. Que se cumpla el precepto: Como es arriba y es abajo; y así, como hoy te has permitido integrar la sabiduría *rarámuri* en tu consciencia, también en tu corazón integres a todas aquellas personas que has juzgado, excluido o tratado injustamente en tu sistema familiar y entorno, por pensar o comportarse de una forma diferente a la tuya; esta es la maestría de la mente y la emoción, que tendrá repercusiones favorables en todos los ámbitos de tu vida. Esta es nuestra verdadera aportación para que concluyan las guerras en escala global. Estas son las claves de la humildad y la libertad, que deseo sanen tus heridas y te permitan resolver lo que, hasta ahora, has llamado: problemas.

Deseo que este contenido contribuya con tu bienestar y felicidad, así como la de tu entorno, que te haya permitido comprender la trascendencia espiritual de cada ritual de tu vida, desde el más cotidiano hasta el más especial; que la Rueda de la Medicina te permita reflexionar sobre tus retos y te brinde pautas para superarlos y lograr tu autorrealización; que los recursos de la sabiduría ancestral te permitan depurar tu cuerpo físico, emocional y mental, para lograr la séptuple paz y la comprensión total de la frase: "Serénate y reconoce, Yo Soy Dios", que alberga el gran postulado: "Conoce la verdad y la verdad te hará libre."

Pero, sobre todo, anhelo que estas páginas hayan sembrado en muchos corazones la semilla de la consciencia de que ¡SÓLO EL ES DIOS! y que habita en el cielo, la tierra, en todo lugar, pero especialmente en nuestro corazón y esto nos vuelve parte y co-responsable del proceso evolutivo del universo.

Me permito ahora compartir contigo las recomendaciones de mi hermana espiritual Alma Rocío Carreón Cobián: ***Cuando vayas a la Sierra Tarahumara***. Sin embargo, son recomendaciones que te sugiero, no sólo para hacer un viaje físico a las Barrancas del Cobre y experimentar es paraíso, sino para transitar el sendero del alma en la vida cotidiana, con pies ligeros.

Cuando vayas a la Sierra Tarahumara

Cuando vayas a la Sierra Tarahumara,
ve con la maleta vacía de ego y apegos;
llénala de humildad y de servicio,
que no te pese invertir un poco de ti,
vacíala de juicios y prejuicios, sin etiquetar que ellos son pobres.

Ve con la mirada abierta para descubrir a sus guardianes,
ve con la mente abierta para servir,
para ser el último en sentarte.
Sin temor de ensuciar tu atuendo, sirve a los demás.

Cuando vayas a la Sierra Tarahumara
contempla en silencio su lago,
sus cascadas y montañas.
Sé testigo silencioso,
no trates de cambiar nada,
todo es perfecto, todo está en orden.

No alimentes el bolsillo de los locales comerciales,
mejor aún, compra al niño sus muñecas, a las mujeres
sus collares, cestas y quitapesares.

Cuando vayas a la Sierra Tarahumara
contempla los pies de los hombres y mujeres *rarámuri.*
Contempla su caminar suave y veloz
Contempla su mirada profunda y clara, silenciosa y
a veces triste, hambrienta de justicia.

Contempla el rostro de mi hermano *rarámuri,* s
us cachetes rojos y manos quemadas por el frío y el sol.
Contempla las manos que tejen bajo el pino, la manos
que trabajan la madera.
Contempla su vestimenta blanca y los colores de
la falda floreada en movimiento.
Verás que tu maleta, al final del viaje, se ha llenado de
gratitud, de todo lo que has recibido.
Cuando vayas a la Sierra Tarahumara,
camina, camina y con cada paso sé consciente de tus
desechos, llévate tu basura.
Deja que tu corazón se unifique al sonido del tambor.
Cuando estés ahí, en la Sierra Tarahumara,
déjate envolver por la emoción;

siente vibrar tu cuerpo cuando llega el Chepe.
Contempla en quietud el silencio y también el eco.
Deja que tus lágrimas sean las que laven el recuerdo de que una vez, hace mucho tiempo ya estuviste ahí.
Una vez fuiste parte de esa piedra, de esa cascada, de esa barranca.
Déjate llevar por ese viento, abre tus brazos y
vuela como el águila que eres,
unifícate con la Madre Tierra y agradece.
Haz que resuene el sonido del caracol en tu vientre.
Que las barbas de tu rebozo bailen con el viento y
agradece que una vez más, estas en la Sierra Tarahumara
y tienes la oportunidad de vivir este eterno presente,
con gratitud e intensidad.

Alma Rocío Carreón Cobián, 2019
Colima, México.

Así como el Masaje del Alma, el Temazcal, una ceremonia o celebración se realizan en comunidad, reconozco que este libro cumple el propósito de un Masaje del Alma Colectiva; así como en los masajes individuales a mi me corresponde colaborar, agradezco que en este acto creativo, mi familia del alma, de vocación *rarámuri* me hayan concedido todo su respaldo y apoyo para llegar hasta aquí.

Sé que al igual que un masaje individual o ceremonia, su realización no hubiera sido posible sin la inspiración de Dios, del Hermano Mayor, del Tata Juan, de la Nana Mariquita, la bendición de Madre María Félix, el abrazo de Nana Margarita, la confianza de Nana Martha Gutiérrez y el apoyo incondicional de mis hermanos curanderos, en este tramo del camino que hemos compartido.

Por lo tanto, me permito concluir este libro a la usanza de Madre María Félix, cuando se permitía agradecer, reconocer el cumplimiento de un ciclo y celebrar la posibilidad de avanzar un paso más en su misión de vida, agradeciendo a todos aquéllos que contribuyeron desde los diversos planos. Al expresar estas palabras vienen a mi memoria su sonrisa y el timbre de su voz maternal, cuando declaraba con amor, sabiduría y poder:

Está hecho hoy,
está hecho siempre;
está hecho, a la manera de Dios
para tu gloria Padre,
estamos a tu servicio Señor.

¡Porque sólo ÉL ES DIOS!

Con amor y gratitud infinitas.

Rosa Elena

AGRADECIMIENTOS

Agradezco a todas las personas que me abrieron las puertas para comprender la sabiduría *rarámuri* e incorporarla a mi vida cotidiana, aligerando mis cargas emocionales y agilizando la manifestación de mis sueños: **Lorena Villa, Rocío Moreno, Alma Carreón, Adriana Valencia, Lourdes Saucedo, Ileana Navarro, Sebastián de la Rosa y Tania de la Vega.**

A Lucrecia Amador y la familia del alma de mujeres que compartimos el transitar del Rumbo Sur durante nueve meses y facilitaron el proceso de gestación de este libro.

Me permito agradecer a la Gran Madre Terrenal por la vida y su generosidad en el proceso de evolución de la humanidad.

Mi gratitud a quien con su música y poesía supo poner en palabras la ley, contribuyendo al despertar de mi consciencia. Gracias **Maestro Hipólito Zenteno**, autor de la canción: ¡Gracias Tierra! Esta canción representa la primera semilla que activó las memorias de mi alma, para honrar y amar a la Madre Tierra.

Gracias al **Grupo Quipaipán** por cantarla con la belleza y maestría, que me hacen derramar lágrimas de gratitud y esperanza.

¡Gracias Tierra!

Maestro Hipólito Zenteno

Gracias Tierra porque en ti floreció la semilla que mi mano plantó y hoy la escucho respirando.

Eres vida y te regalas igual, a los hombres, a las plantas o al mar, siempre eterna trabajando.

Gracias Tierra por los frutos que das, por los árboles el vino y el pan, por el agua y las praderas.

Sé muy bien que si pudieras hablar, a los hombres se te oiría reprochar, que te hieren las fronteras.

Yo sé que no tienes dueño y quien te sepa querer, sabrá por tu voz en sueños que tú eres dueña de él.

Gracias Tierra por que tú haces nacer minerales que mitigan la sed, esta sed de ir conociendo, los secretos que rodean la creación, los que busca en realidad mi canción, los que estoy en ti leyendo.

Gracias Tierra por que a ti volveré y en tu lívida placenta veré que los muertos resucitan.

Que movidos por tu magia saldrán transformados en cebada y en pan, con los vivos a la cita.

Yo sé que no tienes dueño y quien te sepa querer, sabrá por tu voz en sueños que tú eres dueña de él.

BIBLIOGRAFÍA, PÁGINAS Y DOCUMENTALES

Bibliografía:

Fundación Tarahumara-José A. Llaguno.Tarahumara: El mundo de Pepe Llaguno. Fundación Tarahumara. USA 1994.

Cita a:

Artaud, Antonin. México y Viaje al país de *los tarahumaras*. México. Fondo de Cultura Económica, 1992.

De Velasco Rivero, Pedro. Danzar o morir. Religión y resistencia a la dominación de la cultura *tarahumar.* México. Centro de Reflexión Teológica, 1987. Pp 21-22

Los *Tarahumares* en la *Tarahumara*, 1985. Chrysler de México. (p. 22)

Brambila, David. Bosquejos del alma *tarahumara*. Chihuahua, Camino. 1992 pp. 42

Wheeler, Romayne. La vida ante los ojos de los *rarámuri*. Chihuahua, Camino 1992.

Sams, Jamie. The 13 original clan mothers: Your sacred path to discovering the gifts, talents and abilities of the feminine through the ancient teachings of the sisterhood. HarperOne. USA, 1993.

McGowan, Kathleen. La Esperada, Editorial Umbriel, España, 2006.

Bucay, Jorge. El camino de las lágrimas. Editorial Océano Express. México, 2011.

Molina Gómez, J. A. (1). La cueva y su interpretación en el cristianismo primitivo. *Antigüedad Y Cristianismo*, (23), 861.

Bordeaux, Edmond. Traducción: El evangelio de los Esenios. Libro de la Paz. Editorial Sirio, España 2007. Pp 10-18.

Hawkings, David. El poder frente a la Fuerza. Editorial El Grano de Mostaza, 2015.

Páginas:

OIT. Organización Internacional del Trabajo.
https://www.ilo.org/global/topics/safety-and-health-at-work/lang--es/index.htm

"Korima muniki, korima shunuku":
https://d.elhorizonte.mx/opinion/editorial/korima/2285888

Atecocolli : http://www.tlahuilcalli.org/Atecocolli.html

Documentales:

Temazcal: Vida y energía | Documento Indigo.
https://www.youtube.com/watch?v=EzovP2sBMwc&t=7s

¿Qué es, para qué sirve y por qué necesitamos el Temazcal?
https://www.youtube.com/watch?v=eA8m7VByogY

Nota final:

Si deseas aprender sobre la sabiduría *rarámuri* y participar en los programas de formación, masajes, temazcales, ceremonias y viajes de peregrinación a las Barrancas del Cobre puedes comunicarte con:

Marta G. Gutiérrez García

margutierrezgarcia95@gmail.com

Lorena Villa

visalor@hotmail.com

Rocío Moreno

roxmorena6205@gmail.com

Ileana Navarro

ileana_aide@hotmail.com

Para contactar a la autora:

contacto@bigsur.mx

Made in the USA
Columbia, SC
06 November 2023

25213705R00126